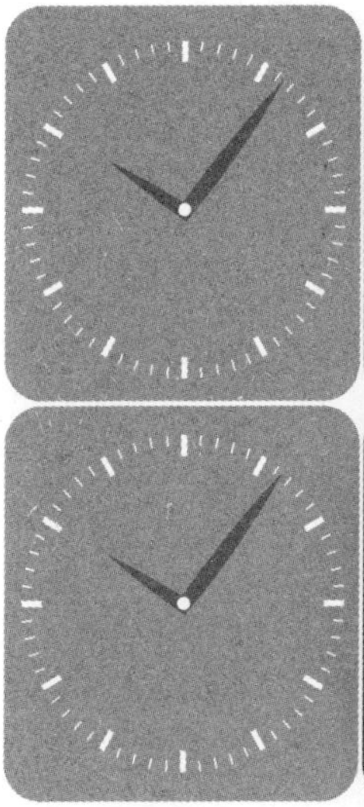

# 超级清单

## 精力管理
## 实用技巧、表格与自我训练

Sorting Your List

张旭　著

中国法制出版社
CHINA LEGAL PUBLISHING HOUSE

# 前　言

精力是效率之本。没有有效的精力管理，就谈不上效率。本书是关于如何找到自身精力规律，如何创造、使用、恢复精力的指导。

科学家研究发现，人类有不同的作息规律，有些人白天精力特别好，有些人则是在晚上精力旺盛。所以不同的人的精力规律各不相同，我们需要根据个人情况找到自身的精力规律。

要想发现并找到自身的精力规律，就需要正确记录，通过记录、统计、分析，定位自己精力的使用习惯，从而找到精力规律。

我们管理精力的目的，是要把精力用到重要的地方，也就是我们的目标上。如果没有目标，精力就无的放矢，就会被浪费。有了目标，我们还要用精力去适配目标。过大的目标和过小的目标，都不能让精力得到很好的应用。

习惯能够让我们更加游刃有余地使用精力，培养精力的使用习惯就是保护精力，不好的习惯只会浪费精力。所以，我们需要在工作和生活中培养使用精力的良好习惯。

压力是导致精力浪费的最大推手。当一个人深处压力之中，大脑的注意力就会被压力夺走。所以，要保护精力，就一定要解决压力的问题。

在使用精力的过程中，越是把精力集中于一个地方，产生的价值就越大。所以，在使用精力时需要有专注的能力。专注和自控是一对好朋友，要想专注，就需要排除干扰，就需要拥有自我管理、自我控制的能力。专注是提高精力效率的核心。

人的精力是有限的。人的精力在不断消耗，到了晚上，一天的精力会消耗殆尽。如果过度使用精力，那么精力很快就会消耗光。所以，要科学地使用精力，就需要把握好精力使用的节奏，在大脑还没有过度疲劳的时候，通过合理的休息恢复精力。

每个人的体力不一样，精力体力也不同。精力体力就是保持精力旺盛的能力。研究发现，精力体力是可以锻炼的，我们可以通过各种合理的方法保持精力体力。

此外，负面情绪会大量消耗精力，所以做好精力管理的前提之一是学会管理情绪，这样当消极情绪产生时，我们就能够通过合理的方法快速调整情绪，减少负面情绪对精力的消耗。

希望你能够通过对本书的学习，在学习和工作中，更好地让精力为你服务。希望这本书能够真正成为你管理情绪的好朋友。

# 目 录

第一章

# 为什么精力管理比时间管理更重要

长期以来，人们一直对时间管理重视有加，因为我们能够直观地“看到”时间的流逝。相对而言，精力的变化没有那么一目了然，往往无法从量的水平上对精力进行计算。实际上，在自我管理的过程中，精力一直在背后起着“无名英雄”的作用。我们消耗时间完成的所有任务，都离不开精力的支撑。所以，即使你有很多时间，如果没有精力，你仍然会一事无成。精力管理的重要性由此可见一斑。

## 第一节　比时间管理更重要的事

斯瑞库马·拉奥博士曾经为谷歌、微软、IBM、通用电气等全球知名公司的员工做过培训，也曾为顶级商学院的学生做过培训，还为著名的艺人、华尔街的金融巨头做过演讲。这些人向拉奥博士提出的最多的问题，就是能不能提供更好的方法进行时间管理。因为他们都感觉自己最大的困扰是时间问题，总是觉得时间不够用。

拉奥博士告诉他们，时间是一个没有弹性的东西，每个人每天24小时，每小时60分钟，每分钟60秒，不多不少。所以，无论你怎样管理时间，都不可能让时间变得更多，当然也不能变得更少。[①]所以，你其实无法“管理”时间。但是，你并不是什么都不能做，你至少可以管理你自己。想一想我们每天早晨起来，吃完早饭离开家门，在这一天之中，我们做了很多事情，把精力消耗掉，到晚上精疲力竭地回到家。**时间总是按部就班地一分一秒地过去，而我们**

① ［美］斯库瑞马·拉奥著:《你那堆牛粪有多大？》，刘伟译，东方出版社2012年版。

**的精力会在这一天的时间里因为不同的事情而有不同程度的消耗。**拉奥博士说的“管理你自己”，就是管理你这一天之中的精力消耗。你如何使用精力，如何保护精力，如何创造精力，把精力消耗在什么地方，决定了你这一天过得如何，决定了你的效率的高低。

**时间管理和精力管理关注的重点不同：**

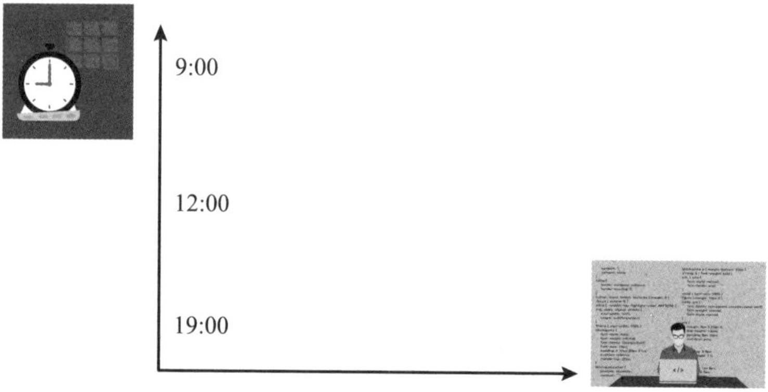


**时间管理关注的是怎样才能把更多的时间用到想要做的事情上；**

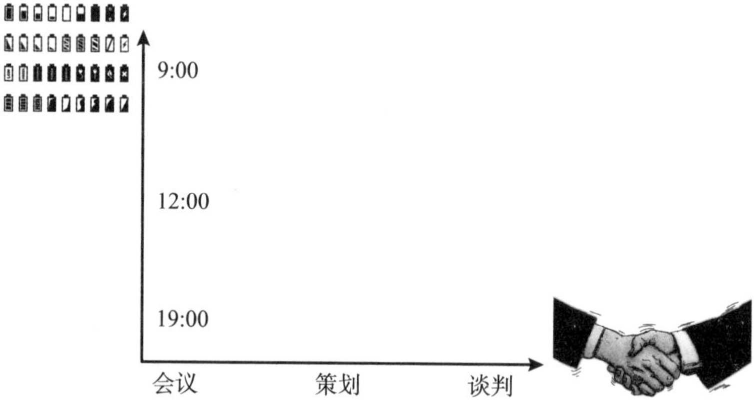

**而精力管理关注的是如何把更多的精力用到更重要的事情上。**

我们每一天有8个小时的工作时间。时间管理关注的是，在这8个小时的工作时间中，尽量安排更多需要做的事情，争取把8个小时的时间充分利用起来；精力管理关注的是，我们应该如何分配精力，才能更高效地完成需要完成的事情。精力管理基于这样一个事实：在一天的时间中，不同的时间段，精力状况各不相同，有时候很好，有时候很差。因此，精力管理要做的，是找出哪些时间点精力最好，哪些时间点精力不够好。把精力最好的时间段，用于最重要的事情上，把精力差的时间段，用到一般的事情上。**时间管理考虑的是时间的充分利用，而精力管理思考的是精力的充分利用。**

**时间管理是基于要做的事情的重要性，安排工作的顺序。精力管理则是基于精力的状态，安排需要做的事情。**

我们都知道时间管理专家史蒂芬·柯维和他的《高效能人士的7个习惯》。在这本书中，柯维提出了时间管理的四象限法则：

- 重要且紧急；
- 重要但不紧急；
- 不重要但紧急；
- 不重要且不紧急。

这四个象限，就是围绕着事情的重要性和紧急程度来展开的。[①]

① ［美］史蒂芬·柯维著：《高效能人士的7个习惯》，高新勇、王亦兵、葛雪蕾译，中国青年出版社2015年版。

也就是说，时间管理是以重要性为顺序的。

| | |
|---|---|
| 1 重要且紧急 | 2 重要但不紧急 |
| 3 不重要但紧急 | 4 不重要且不紧急 |

时间管理的四象限

精力管理给时间管理加上了一个精力的参数。对每一个人来讲，尽管每天的时间长度都一样，都是24小时，但是，在不同的时间段和不同的环境下，不同的人的精力状况各不相同。

比如，前一天晚上没有睡好觉，在第二天的工作中，效率就会大打折扣。所以，熬夜工作是以第二天没有效率为代价的，无论对于公司还是对于个人，都是得不偿失的选择。这种工作模式，从时间上看好像还说得过去，但是从精力的角度而言，就是一个完全失败的安排。

早上没吃早餐的人，跟吃了健康早餐的人相比，尽管工作时间一样，但效率不一样，因为支持工作的大脑获得的能量供给不一样。

一个经常锻炼的人和一个很少运动的人，做事的效率也不相同，因为锻炼会让人更有精力，而精力好的人效率一定会更高。

大清早跟家人吵架，带着不良情绪上班的人，和一个心情舒畅的人相比，其工作效率也大不相同。

**当我们不愉快时，大脑会变得迟钝，智商也会有所下降**。因此，人在情绪不好时，做事效率很低，而且往往容易做错事。所以，我们可以看到，从精力管理的角度来看，饮食问题、运动问题、情绪问题都会影响工作和生活的状态。

格雷厄姆·阿尔科特在他的《高效忍者》中说："我们的问题在于，现代的工作方式很少让我们有完成工作的感觉，或者说很少让我们有闲暇空间。我们好像总是绷紧了神经，在一条很长的隧道里寻找尽头的光亮。当你终于看到有光慢慢靠近时，却发现那只不过是个讨厌的家伙拿着火把，走过来给你更多的工作。"[①]所以，工作永远做不完，时间永远不够用。如果不考虑精力，把所有时间都用在工作上反而是低效的。

影响精力的因素很多，如饮食、运动、情绪、睡眠休息等。而这些因素之间也会相互影响，如饮食会影响情绪，运动也会影响饮食和休息，而情绪问题则会导致休息问题以及其他可能的问题。精力管理就是通过合理的饮食、运动以及作息，避免或者减轻这些不良的影响，让学习和工作更有效率。

---

① ［英］格雷厄姆·阿尔科特著：《高效忍者》，李文怡、易汕译，江西人民出版社2019年版。

- 饮食问题
- 运动问题
- 睡眠问题
- 情绪问题

影响精力的因素

本来下午想要完成一个重要的学习任务，但是莫名其妙地被一部电视剧吸引了，看了一下午的电视剧。表面上看是时间管理的问题，实际上是精力管理的问题，我们的注意力被其他事情吸引了，也就是说，我们的情绪受到了干扰，导致注意力跑到了别的地方。当我们看完了电视剧之后，电视剧中的各种情节已经把我们的精力消耗得差不多了，这时候再想去学习，精力怎么也集中不起来。所以，看上去是时间的浪费，实际是精力被瓜分。

时间管理，我们看到的时间是无差别的不同的时间点，而精力管理，我们看到的是不同状态的、呈周期性变化的时间点。这些时间点上的精力，有时候处于波峰，有时候处于波谷。

如下图所示：

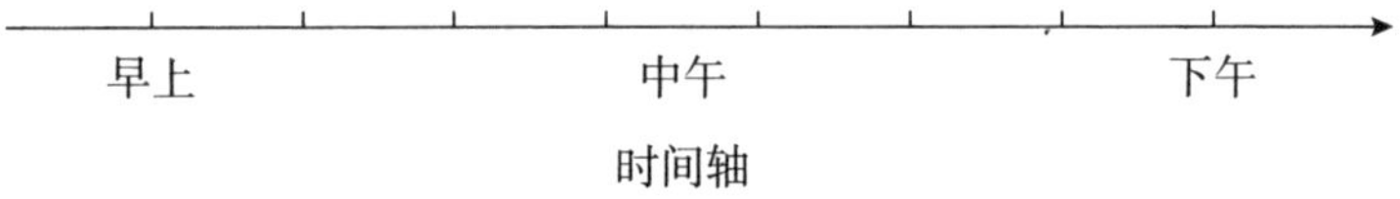


时间变化图

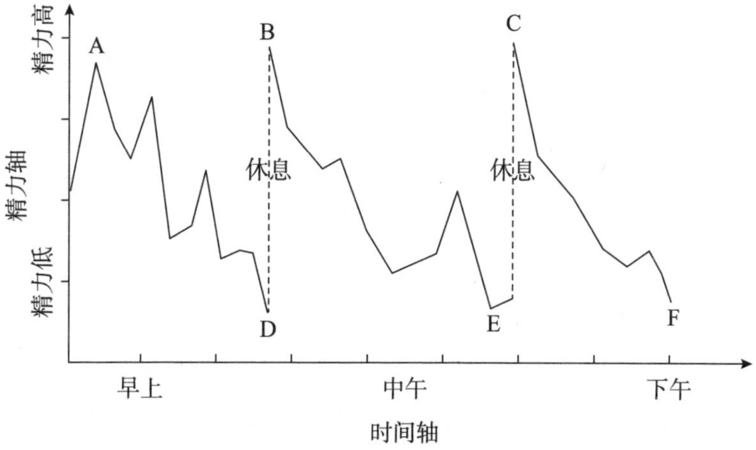


精力曲线图

从时间变化图中我们看到，时间轴按照时长被分割成一个个单位，时间与时间之间没有任何差别；而在精力曲线图中，我们看到精力呈高低不同的状态分布，在不同的时间点上，精力各不相同。当我们给时间添加上精力这个参数之后，时间就变得“生动”起来，有了起伏，有了变化。精力管理就是要把这些不同的时间段上的精力，用到不同重要程度的事情上，也就是把最重要的事情放到精力处于波峰的时间段，这就是精力管理与时间管理的不同之处。当我们给时间轴加上一个精力参数，我们就能够清楚地看到不同阶段时间的明显差别。

时间都是按照每天24小时为一个日循环在不停地向前的，而在另一个维度上，就是我们的精力状态层面，我们的身体和精神状态在一天之中的不同时间点上并非完全一样。如果我们不考虑精力情况，简单地把要做的事放到时间轴上去完成，那么就有可能把最重要的事情放到了精力差的时间上，做事的效果就会很差。如果我们把重要的事情都放到了精力很差的时间上，那么我们做事的效率会更差。精力管理要做的，就是把最好的精力用到最重要的事情上。也就是说，把你认为最重要的事情，放到精力最好的时间段去完成。

**单纯的时间管理之所以低效，是因为没有考虑到精力管理**

为什么很多人看了很多关于时间管理的书，买了很多时间管理的工具软件，仍然觉得时间管理没有效果？其中非常重要的原因是使用时间缺乏效率，而缺乏效率的根本原因，就是**没有把最好的时间段用到最重要的事情上**，换句话说，就是没有把最好的精力用到正确的地方，没有在时间上加一个精力的维度。有些人明明上午的时候状态特别好，但是却把时间用来跟同事聊天、喝咖啡，下午的时候状态明明不好，却把时间用来做需要思考和研究的重要工作。之所以出现这样的问题，可能是因为他们并不清楚自己什么时候状态好，什么时候状态差，也就是缺乏对自己精力的了解，不懂精力管理。

**时间管理关注的是重要的事，精力管理关注的是注意力**

在时间管理的实践中，一个重要的方法就是记录时间。但是很多人会发现，做到事无巨细地记录时间很难，因为经常会忘记记录，而且也很难找到合适的方法保证完整记录时间。为什么会出现这种情况？因为注意力！

注意力往往会被各种信息分散，进而产生自动行为。我们一旦处于自动行为模式中，就会忘记记录时间，注意力会被各种琐事瓜分。当我们的注意力被自动行为带走时，就是我们的精力被浪费的时候。当我们感到饥饿时，关注的焦点就会集中到食物上，我们会因此忘记记录时间；当我们正在做一项工作时，忽然接到一个电话，等我们接完这个电话，我们的注意力很可能会被手机上的其他信息所吸引，经过这样一连串的注意力被瓜分的过程，我们就会完全忘记了记录时间，我们的精力也就同时被各种琐事消耗光了。

精力管理关注的，是我们的注意力在哪里。所以，善于精力管理的人实际上也善于管理注意力，善于通过各种方法来集中注意力，善于使用各种方法排除各种会转移注意力的干扰。

所以，摆在我们面前的首要问题，不是如何充分利用时间，而是如何科学地分配时间。要科学地分配时间，就要进行精力管理。因为在不同的时间段，我们身处不同的精力状态。那么，我们怎样才能发现自己什么时间段精力好，什么时间段精力不好？也就是如何才能找到自身精力的规律？如何把最好的时间段用到最重要的事情上呢？如何保护我们的精力，让我们不浪费精力？如何创造我们的精力，让我们有更多的精力？这些问题，就是本书需要讨论并解决的。

特别需要进行精力管理的人群包括并不限于：

- 即将参加高考的高中生；
- 经常要面对各种考试的大学生；
- 考研族；
- 想要提高自己学习和工作效率的职场人士；
- 想要通过高效学习改变自己命运的人士；
- 其他希望能够高效使用自己精力的人士。

# 第二节　什么是精力管理

精力，就是高效做事的能力。精力管理，就是通过管理精力的使用情况，让我们达到高效做事的目的。把最好的精力，用到最重要的事情上去。

小A是一个“北漂”，非常勤奋，也很有目标，农村出身的他立志要在北京的三环内买一套不错的100平方米以上的大房子，还必须是商品房。这是一个什么概念？用数字表现出来最为直观——得要1000万元以上。

于是，他非常努力地工作，每天比其他同事多完成20%的工作量。然而，他每天都在透支着身体，每天下班时都非常疲惫。老板认为这个年轻人很努力，于是经常给他加薪，然而薪水对于他买房的目标而言简直就是杯水车薪。

一天，比他晚来公司，每天准时下班的B也加薪了。B在饭桌上自嘲才涨了这么点钱，但是小A却傻眼了，因为B的工资涨幅竟然是他的三倍。

当天晚上小A就气得不行，第二天一早来找老板：“凭什么我这么拼，每天做这么多事，涨薪幅度却比B低了这么多……”

“效率！B每天完成的任务量没法跟你比，但是他的效率高啊，也就是说为公司创造的价值更高，就这么简单。”

的确，B每天都显得很轻松，最关键的是他从来不加班，他会在精力最充沛的时候处理最重要的任务；而小A则完全不懂精力管理，遇到什么事就做什么事，看起来很忙，结果到下班的时候根本没完成什么有价值的工作，这也是他每天加班到很晚，只能拖着疲惫的身躯回家的原因。

我们都知道帕累托的80/20法则①，如果有100件需要做的事情，那么其中最重要的只有20件。完成了这20件事情，其他事情就变得很容易了。所以，我们把主要精力投入这20件最重要的事情中，就可以产生80%的积极效果，而不是在100件事情上平均分配精力。一堆干草在阳光下无论怎样暴晒也不会燃烧，如果用凸透镜把光线聚焦于一点，很快就能点燃干草并让干草熊熊燃烧。所以，我们的精力需要像凸透镜之下的光线一样，必须聚焦到最重要的事情上才

① ［英］理查德·科克著：《高效管理的80/20法则》，李昆、李颖译，机械工业出版社2014年版。

能够产生惊人的效果。

你的注意力，决定了你精力投入的方向。如果注意力经常被瓜分，精力就会被分散，完成任务的效率就会很低。想象一下，本来你上午准备完成一个报告，这时候手机响了，你的注意力被转移到了这个电话上。其实这个电话可能只耗费了你3分钟时间，但是手机上其他抢夺你注意力的东西开始起作用了，各种社交媒体的信息，各种图片、视频如饿狼般向你扑来。时间大把大把地被浪费，你也被各种信息搅得筋疲力尽，精力就这样被无谓地消耗了。

身体状态也能够影响我们的精力状态，饮食、睡眠、休息、运动这些支持身体和大脑的因素，直接决定了我们大脑的状态，大脑没有足够的能量支持，精力管理也就无从谈起。

情绪是影响精力消耗最重要的因素。如果一个人从早晨开始就情绪低落，那么他一天的状态都会不好，会无精打采，思路不清晰，做事效率低下。一个人的情绪跟他的身体状态有关，也跟他大脑的结构和思考问题的方式有关。情绪管理能力决定了精力管理的效率。我们可以通过对大脑的锻炼，实现更有效的情绪管理。而大脑锻炼最好的方式，就是冥想。

通过注意力管理、身体管理和情绪管理，我们能够获得宝贵的精力。一旦我们拥有了充足的精力，下一步需要做的，就是善用我们的精力。善用精力是精力管理的一个重要部分。

要想管理精力，就需要找到精力的规律，按照精力的规律有效地创造精力、保护精力、恢复精力和使用精力。

所以，精力管理就是找到我们的精力规律，有效地创造精力，把我们最好的精力用到最重要的事情上，要避免精力的过度使用，防止精力被分散，被无谓地消耗。

# 第三节　精力管理的核心原则

**精力管理的核心原则，就是把最好的精力用到最重要的事情上。**要想实现这个原则，就要做到以下五点：

1. 学会做减法
2. 知道自己什么时候精力最旺盛
3. 知道什么才是最重要的
4. 学会聚焦注意力
5. 具备排除干扰的能力

### 学会做减法

我们在精力管理的过程中遇到的最大的问题，就是想做的太多。这些想做的事情，看起来都很重要，但是我们根本没有精力去全部完成。所以，要想把最好的精力用到最重要的事情上，就要不断地做减法，把那些看上去重要而实际上不重要的事情排除。这里需要我们有说“不”的能力。对自己说“不”，对他人说“不”。所以，精力管理不是要做得很多，而是要做得很少，但是很对。

### 知道自己什么时候的精力最旺盛

要想知道自己什么时候精力最旺盛，需要我们做一些调查工作，做一些记录。要善于使用表格和一些工具软件。这些记录方法，我们将从下一章开始探讨。

### 知道什么才是最重要的

人的兴趣总会变化。所以，很多时候，我们自己也不知道什么对自己来讲是最重要的。如果记录我们一天之中所做的事情，我们会非常沮丧地发现，我们做的事情好像大多数都是不重要的。我们做事的原则，往往不是根据事情的重要性，而是根据我们的喜好，更多的是“临时起意”“心血来潮”。怎样才能知道什么对自己最重要呢？这也是一项需要锻炼的能力，需要通过我们后面设计的表格来进行自我评估，并进行习惯培养。

### 学会聚焦注意力

把最重要的精力放到最重要的事情上，需要我们将注意力保持在最重要的事情上。如果只是把精力最好的时间分配给最重要的事情，但注意力不时被一些琐事分散，那么精力同样会被浪费。要想把注意力聚焦到我们要做的最重要的事情上，就需要我们能够意识到自己注意力的变化，在任何一个注意力分散的瞬间，让自己重新回到最重要的事情上来。为此，我们需要锻炼大脑，培养觉察能力。

### 具备排除干扰的能力

在使用精力的过程中，我们会遇到各种干扰，这些干扰会分散我们宝贵的精力。比如，很多人在做一件事情之前，习惯于先去刷手机，或者去喝一杯咖啡，或者跟旁边的同事聊天，又或者因为心中忽然想起了一件事情、别人打来的电话而分心。所以，我们必须排除这些来自外部和内部的干扰，专注于最重要的事情上，把最好的精力用到最重要的事情上。

# 第四节　精力管理的关键步骤

精力管理有六个步骤：

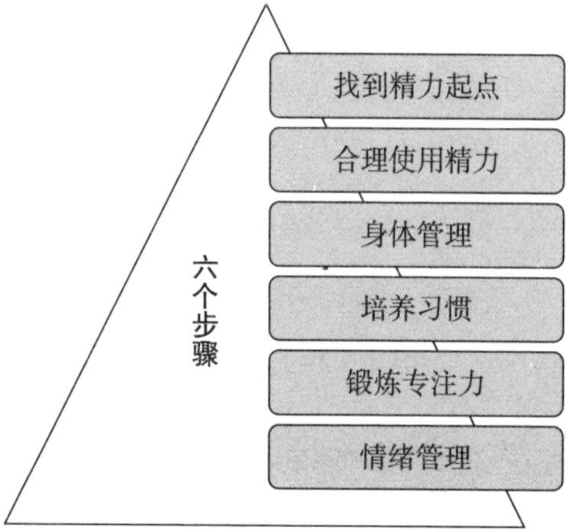


**第一个步骤：找到精力起点**

什么是精力的起点？就是你当前的精力状况、使用精力的习惯和精力的分配方式。只有找到起点，我们才能够往下进行。发现起点的方法，就是通过我们后面设计的表格来进行测试。

**第二个步骤：根据规律，合理使用精力**

我们通过第一个步骤了解了精力的现状以及存在的问题，然后就要针对这些问题采取相应的措施，去合理使用我们的精力。我们要学会把握使用精力的节奏，如何补充恢复精力。

**第三个步骤：身体管理，学习创造精力**

当我们找到了自己的精力规律后，会发现当前的精力可能不足以满足我们的工作生活需要。这与我们的生活习惯以及使用精力的方法有关。所以，我们要学习对我们的身体进行有效调整，让我们具有更旺盛的精力。

**第四个步骤：培养习惯，节省精力**

当我们能够培养一些好的习惯，改掉坏的习惯，把好的行为变成自动行为时，我们就可以少用甚至不用精力，完成更多的事情。

**第五个步骤：锻炼专注力，让精力更高效**

我们都知道，专注可以更高效。如果在把最好的精力用于最重要的事情的过程中，能够保持专注，那么我们的精力的使用效率将会更高。

**第六个步骤：情绪管理，保持旺盛精力**

情绪伴随着我们每天的工作和生活，有时候我们情绪不错，有时候难免情绪低落。当我们情绪好时，我们会感觉到精力也很不错。好情绪是对精力的一种支持。有时候即使身体状况不是很好，但是只要情绪不错，我们依然会感觉精力旺盛。所以说情绪管理是精力管理的重要保障。

## 第五节　如何进行精力管理

既然精力如此重要，我们一定要管理好自己的精力。管理精力，可以用下面四个步骤来进行：

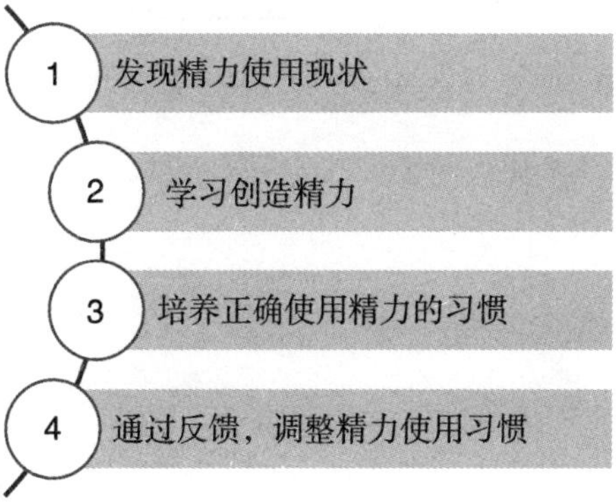


**发现精力使用现状**

如果想管好自己的精力，首先需要做的就是知道自己在一天中的哪些时间段精力很好，哪些时间段精力很差，也就是发现自己的精力规律。那么，如何找到精力规律呢？我们将在后面的章节解决这个问题。

### 学习创造精力

找到了自己的精力规律以后，下一步需要做的，就是知道如何才能让自己更有精力，也就是我们要掌握创造精力的方法。这需要从身体的营养、运动、休息和情绪等方面去努力。我们知道，一个运动员在比赛前，一定要遵守严格的训练计划。这个训练计划包括什么时间训练、训练的时间长度、如何休息、如何调整饮食的结构、如何保持良好的情绪等。对于我们普通人来讲，在学习和工作中其实同样存在这个问题，只是我们把它忽略了而已。我们同样需要知道什么时候精力好，怎样休息好、调整好，保持良好的精力，以积极应对繁忙的学习和工作。

### 培养正确使用精力的习惯

大多数人在生活当中，会无意中浪费很多精力。当我们了解了自己的精力使用习惯以后，我们就可以改掉使用精力的坏习惯，培养正确使用精力的好习惯。

精力是不断消耗的东西，我们需要了解在消耗了精力以后，如何能够快速恢复精力，来让我们持续地完成各项任务。

既然精力有限，我们当然就希望把精力用到有价值的地方，而不是滥用精力。这就提出了一个保护精力的问题。我们需要小心地保护我们有限的精力，以使精力的使用效果最大化。那么，我们应该如何保护我们的精力？在后面的章节我们将详细讨论并提供解决之道。

我们需要正确使用精力。所谓正确使用，就是把最好的精力用到最有价值的事情上，这就需要知道什么对我们来说是最重要的。同时，我们还需要合理地分配精力，不要因为过度疲劳而导致精力难以恢复。

**通过反馈，调整精力使用习惯**

我们掌握了精力的使用方法，还要看看这些方法是否有效。所以，我们在使用精力的过程中需要观察精力使用的有效性，并不断调整我们的使用习惯，让我们的精力使用更符合自己的特点。

## 第六节　如何使用这本书

本书讨论的是精力管理的问题，聚焦于发现精力现状、创造精力以及使用精力三个方面，重点是如何创造精力和如何使用精力。本书是一本注重实践的书，你可以根据自己的情况跨章节使用。

首先你要使用第二章提供的方法，发现精力的使用情况及使用过程中的问题，然后根据自己的实际情况，决定用什么方法去创造精力、恢复精力和使用精力。对于第二章以后的章节，你可以根据自己的实际情况来阅读，你可以自行决定先读哪一章，后读哪一章，按照你自己的需要有所侧重。

本书第三章侧重于精力与目标的匹配，这是精力的使用方法之一。

本书第四章讲的是保护精力和使用精力的一些习惯。

本书第五章讲的是压力管理，主要是讲如何保护精力，如何不让精力资源被浪费，让精力更好地服务于有价值的事情。

本书第六章讲的是通过提高专注度和自控力，更精准地使用精力。

本书第七章讲的是调整工作和休息的节奏，让精力保持旺盛。

本书第八章讲的是通过合理锻炼，让精力更持久。

本书第九章讲的是保持积极的情绪，进而保护精力，让精力持续旺盛。

本书把认知行为心理学和脑科学的研究成果应用到发现精力、创造精力、保护精力和使用精力的过程中，设计出一系列有效的方法供大家去具体操作实践，以达到学会正确管理精力的目的。这是一本可操作性很强的书，可以帮助读者掌控精力，开启高效人生。

# 本章小结

（1）精力管理之所以比时间管理更重要，是因为精力管理更精确。

（2）时间本身没有好坏之分，时间只会一分一秒、永不停息地向前。精力管理是在时间轴上增加了一个精力的变量，等于增加了时间的可辨识度。通过增加精力这个维度，我们可以清楚地看到时间的不同。

（3）加上了精力这个维度，时间就有了不同。例如，有些时间段不适合学习和工作，即使进行学习和工作，效率也不高，而在有些时间段学习和工作则非常高效。

（4）精力管理，就是通过管理精力的使用情况，达到高效做事的目的，把最好的精力用到最重要的事情上。

（5）精力管理首先需要我们明确什么是最重要的事情，以及自己在什么时间段精力最好；其次需要我们学会做减法，减少不必要的精力消耗。

（6）精力管理需要我们发现精力规律，合理使用精力；学会身体管理和情绪管理，创造精力；提高专注力，排除干扰实现精力聚焦；培养习惯，节省精力。

（7）精力管理是一个周期循环的过程：发现精力的使用现状—创造精力—合理使用精力—通过反馈，调整精力的使用习惯。

# 第二章

# 记录精力——发现你的精力现状

要想管理好精力，我们首先应该了解自己的精力。可以通过记录精力，发现自己的精力现状。我们需要记录自己的精力是如何分配的，发现精力分配不合理的地方；记录工作与休息的节奏，明确当前的精力使用节奏是否合理；记录精力使用过程中的干扰问题，找到避免干扰的对策；记录精力在不同时间的状况，画出精力使用曲线；记录影响精力的压力问题，找到缓解压力的方法对策；记录精力使用习惯，让你的习惯更适合精力的有效使用；记录身体状况与精力的关系，找到调整身体状况、改善精力的对策。

## 第一节　精力分配记录：你的精力都去哪儿了

要想管理好自己的精力，就需要了解精力是如何使用的。通过记录精力的使用情况，我们可以获得以下信息。

第一，工作时间。

● 你把最好的精力分配给哪些工作？这些工作是不是你当天最重要的工作？

● 你在工作过程中，精力状况如何？

● 你每天用于工作的时间究竟是多少？

● 你如何分配工作时间和休息时间？

● 在休息时间，你用哪些方法休息？

第二，业余时间。

● 业余时间你把精力消耗在哪些事情上？

● 你对业余时间的精力分配是否合理？是否有优化的空间？

● 在业余时间，你的精力状况如何？

● 你是否在业余时间对你在工作时间消耗的精力进行有效的恢复？

不记录不知道，一记录可能会吓一跳。很多人通过记录发现，自己在业余时间不仅没有对工作时间消耗的精力进行恢复，反而进一步耗费了大量的精力，影响了正常的学习和工作。在这种情况下，大多数的精力消耗，并不是由于体力的消耗导致的，而是由于各种压力以及由压力导致的各种焦虑。由此可见，精力管理对于所有的职场人士而言都很重要。关于精力的记录，我们可以结合每日工作精力状况统计表和业余时间精力分配表的实例来看。

### 1. 每日工作精力状况统计表实例

| 每日工作精力状况统计表 | | | | |
|---|---|---|---|---|
| 时间段 | 事项 | 分类（工作/休息） | 时长（分钟） | 精力评估（1—10） |
| 9:00—10:00 | 制订销售计划 | 工作 | 60 | 7 |
| 10:00—10:20 | 喝咖啡 | 休息 | 20 | 7 |
| 10:20—11:20 | 制订销售计划 | 工作 | 60 | 7 |
| 11:20—11:40 | 上厕所 | 休息 | 20 | 6 |
| 11:40—12:00 | 制订销售计划 | 工作 | 20 | 6 |
| 12:00—13:00 | 吃午饭 | 休息 | 60 | 5 |
| 13:00—13:50 | 与客户联系，确认合同事项 | 工作 | 50 | 4 |
| 13:50—14:20 | 喝水，上厕所 | 休息 | 30 | 4 |

续表

| 每日工作精力状况统计表 | | | | |
|---|---|---|---|---|
| 时间段 | 事项 | 分类（工作/休息） | 时长（分钟） | 精力评估（1—10） |
| 14:20—15:25 | 与客户联系，确认合同事项 | 工作 | 65 | 4 |
| 15:25—15:55 | 喝水，与同事聊天 | 休息 | 30 | 4 |
| 15:55—16:55 | 回复邮件，接客户电话解决问题 | 工作 | 60 | 5 |
| 16:55—17:15 | 喝水，看微信 | 休息 | 20 | 5 |
| 17:15—17:45 | 整理资料，回复邮件 | 工作 | 30 | 5 |
| 17:45—18:00 | 收拾东西准备下班 | 工作 | 15 | 6 |
| 统计 | 工作总时长 | 6小时 | 工作占上班时间百分比 | 75% |
| | 休息总时长 | 2小时 | 休息占上班时间百分比 | 25% |
| | 一天精力良好时间段 | 9:00—10:00 | 一天精力较差时间段 | 13:00—15:00 |

## 表格填写说明

时间段：记录工作或休息事项的开始时间和结束时间。

事项：记录实际的内容。

分类：工作或休息。

精力评估：你感觉到的自己在工作或休息时的精力状态，分值从1到10。

工作总时长：上班时用于工作的时间。

休息总时长：上班时用于休息的时间。

**记录解读**

（1）精力状况分析。

- 工作安排要以用最充沛的精力处理最重要的工作为原则。
- 精力最充沛的时间段在上午。
- 制订销售计划显然是最重要的工作，安排在精力最充沛的上午进行是比较合理的。

（2）工作时间分析。

如果在8个小时的工作中，有效工作时间能够达到6个小时，表现就可以视为优秀；如果能达到5个小时，可以视为良好；如果能够达到4个小时，视为及格；如果有效工作时间不到4个小时，那么说明工作效率相对较低。

上述表格中实际用于工作的时间是6小时，可以视为优秀。

（3）休息时间分析。

听音乐、舒展身体、散步都是不错的休息方法，而休息时间看手机可能会加重身体的疲劳程度，不是一种好的休息方法。

### 记录过程中可能遇到的问题及解决方案

最大的问题是忘记记录。这是大多数人都会遇到的问题。要想彻底解决这个问题，必须提高自我觉察能力。

你可以通过设置提醒的方式，告诉自己需要及时记录精力状况。你的工作越有规律，你就越容易记录自己的精力状况，而规律工作的习惯需要长期培养。

在记录过程中，你还会遇到耐心的问题。当你忘记了几次记录时，可能会导致你产生不耐烦的情绪。这时候要告诉自己有耐心。当然，耐心也是需要长期培养的。

## 2.业余时间精力分配表实例

| 业余时间精力分配表 | | | | |
|---|---|---|---|---|
| 时间段 | 事项 | 分类 | 时长（分钟） | 精力评估（1–10） |
| 6:00—6:20 | 洗漱 | 个人管理 | 20 | 4 |
| 8:00—8:50 | 乘地铁 | 交通 | 50 | 4 |
| 12:00—13:00 | 午饭 | 个人管理 | 60 | 3 |
| 18:00—19:00 | 地铁 | 交通 | 60 | 3 |
| 19:00—20:00 | 做晚饭 | 家务 | 60 | 3 |
| 20:00—20:30 | 晚饭 | 个人管理 | 30 | 4 |
| 20:30—20:40 | 收拾碗筷 | 个人管理 | 10 | 5 |
| 21:00—23:00 | 看电视 | 消磨时间 | 120 | 6 |
| 23:00之后 | 睡觉 | …… | …… | …… |

**记录解读**

业余时间分析。

通过对上面表格的分析，发现业余时间的利用存在问题：把最好的精力用于看电视剧。这张表格反映出填表人业余时间的总体精力状况不太好，可以考虑通过适当运动来恢复精力。

**记录过程中可能遇到的问题及解决方法**

完成一天繁忙的工作之后，人们特别容易一下子就放松下来，就会懒得去记录这些内容，导致业余时间匆匆消耗，却意识不到自己在时间和精力分配方面的问题。

忘记记录是可能遇到的重要问题，不知道在哪里记录也是一个现实问题。所以，你需要事先打印出来这样的表格，做好记录的准备，也可以使用电子版的表格。

我们只有关注自身精力消耗情况，才有充分用好精力的可能性。没有记录，就不能发现自身精力的分配状况，也就没有进步的契机。这是一个需要终身学习的时代，工作之外的精力分配尤为重要。

## 自我训练

这一节一共介绍了两张表格，请根据自身情况填写下面的模板，分析自己每天工作时间以及业余时间的精力分配情况。

- 找到精力分配的特点，找到精力分配的漏洞，看看精力是否都用到了该用的地方。
- 列出需要调整的精力使用方向，把精力用到正确的地方。
- 实践调整后的精力使用计划。
- 重新记录工作时间和业余时间精力分配表，发现新的精力使用问题。
- 重复这个循环过程。

| 每日工作精力状况统计表 | | | | |
|---|---|---|---|---|
| 时间段 | 事项 | 分类（工作/休息） | 时长（分钟） | 精力评估（1—10） |
| | | | | |
| | | | | |
| | | | | |
| | | | | |
| | | | | |
| | | | | |
| | | | | |
| | | | | |
| | | | | |
| | | | | |
| | | | | |
| | | | | |
| | | | | |

续表

| 每日工作精力状况统计表 | | | | |
|---|---|---|---|---|
| 时间段 | 事项 | 分类（工作/休息） | 时长（分钟） | 精力评估（1—10） |
| | | | | |
| | | | | |
| | | | | |
| | | | | |
| | | | | |
| 统计 | 工作总时长 | | 工作占上班时间百分比 | |
| | 休息总时长 | | 休息占上班时间百分比 | |
| | 一天精力良好时间段 | | 一天精力较差时间段 | |

| 业余时间精力分配表 | | | | |
|---|---|---|---|---|
| 时间段 | 事项 | 分类 | 时长（分钟） | 精力评估（1—10） |
| | | | | |
| | | | | |
| | | | | |
| | | | | |
| | | | | |
| | | | | |
| | | | | |

续表

| 业余时间精力分配表 | | | | |
|---|---|---|---|---|
| 时间段 | 事项 | 分类 | 时长（分钟） | 精力评估（1—10） |
| | | | | |
| | | | | |
| | | | | |
| | | | | |
| | | | | |
| | | | | |
| | | | | |
| | | | | |
| | | | | |
| | | | | |
| | | | | |

# 第二节　工作休息节律记录：你的精力分配合理吗

加拿大心理学家德比·莫斯考维茨教授曾经绘制了一张一周工作节律表，他认为从周一到周五，人所面临的工作压力有所不同，所以找到工作与休息之间的节律，对于做好精力分配十分有必要。先来看一个实例：

| 一周工作节律表 | | |
|---|---|---|
| 时间 | 状态 | 说明 |
| 周一 | 不适 | 周一是心理和身体的双重过渡期。双休日的放松之后，人体的生物钟还没有调节过来，突然从休闲状态切换到工作状态，都会觉得疲惫，不适应 |
| 周二 | 正常 | 逐渐走出闲散状态，恢复到正常的工作状态 |
| 周三 | 最佳 | 完全适应了工作节奏，处于最佳工作状态，适合从事创造性任务。然而，由于处在一周正中，巨大的工作压力会导致焦虑 |
| 周四 | 疲惫 | 经过高压、高效、高强度的工作，第四天已经处于身心疲惫的状态，并不适合从事复杂的脑力工作 |
| 周五 | 放松 | 周五时人们最喜欢冒险，适合处理一些比较棘手的任务。一周的工作即将结束，就要出去狂欢了，充满期待 |

为什么要记录工作和休息的节律？因为它能够反映出你的精力使用是否合理，比如：

- 你工作多长时间会去休息？
- 每次休息的时间是多长？
- 休息的时间是否充分用来恢复状态？
- 你的节律能否支撑你的工作量和工作效率？
- 你的单次工作时间是否过长？
- 你的休息时间是否过长？
- 你的工作和休息之间的交替是否合理？

工作和休息的节律决定了你的工作效率，所以一定要引起足够的重视。接下来，我们以每天的工作休息节律为例进行讲解：

| 工作休息节律记录表 | | | | |
|---|---|---|---|---|
| 时间 | 事项 | 分类（工作/休息） | 时长（分钟） | 精力评估（1—10） |
| 9:00—10:05 | 编制表格 | 工作 | 65 | 8 |
| 10:05—10:35 | 喝咖啡、上厕所 | 休息 | 30 | 8 |
| 10:40—11:30 | 与客户联系（打电话、发邮件） | 工作 | 50 | 7 |
| 11:30—12:00 | 与同事聊天、听音乐 | 休息 | 30 | 7 |
| 13:00—13:40 | 写工作计划 | 工作 | 40 | 5 |
| 13:40—14:10 | 喝水、看手机 | 休息 | 30 | 4 |
| 14:10—15:00 | 写工作计划 | 工作 | 50 | 4 |

续表

| 工作休息节律记录表 | | | | |
|---|---|---|---|---|
| 时间 | 事项 | 分类（工作/休息） | 时长（分钟） | 精力评估（1—10） |
| 15:00—15:40 | 喝咖啡、聊天 | 休息 | 40 | 3 |
| 15:40—16:20 | 与客户联络（打电话、发邮件） | 工作 | 40 | 4 |
| 16:20—16:50 | 与同事聊天、听音乐 | 休息 | 30 | 6 |
| 16:50—17:30 | 写工作计划 | 工作 | 40 | 6 |
| 17:30—18:00 | 与同事聊天、听音乐 | 休息 | 30 | 6 |

记录解读

（1）工作时间分析。

每次工作时间基本不超过1小时，最长的一次是65分钟，属于合理范围之内。可以把每次工作时长调整到45分钟，按照工作45分钟休息10分钟的节律；或者参考番茄工作法，每次工作25分钟休息5分钟。

（2）休息时间分析。

休息时间过多，总计190分钟，休息的方法也不够科学，并不能有效提高精力使用效率。我们在后面的内容中，会详细讲解休息的方法。

（3）工作精力评估。

工作时间中的精力表现良好。在工作安排上还有可调整的空间，应该以把精力好的时间用于做重要的事情为原则。

**记录过程中可能遇到的问题及解决方案**

在实践过程中，我们特别容易忘记记录时间。

解决方法：

- 定时提醒。
- 通过练习冥想提高自我觉察能力。

## 自我训练

这一节，我们训练记录工作与休息的时间分配。通过这个记录，找到精力与时间分配上存在的问题。我们将在第七章详细讲述如何找到正确的工作休息节律。

训练步骤：

- 填写工作休息节律记录表。
- 找到精力好的时间段，看看相应时段的安排是否合理。
- 调整工作时间和工作内容。
- 建议每周定期检查和调整一次。

| 工作休息节律记录表 | | | | |
|---|---|---|---|---|
| 时间 | 事项 | 分类（工作/休息） | 时长（分钟） | 精力评估（1—10） |
| | | | | |
| | | | | |
| | | | | |
| | | | | |
| | | | | |
| | | | | |
| | | | | |
| | | | | |
| | | | | |
| | | | | |
| | | | | |
| | | | | |
| | | | | |
| | | | | |
| | | | | |
| | | | | |
| | | | | |
| | | | | |

## 第三节　专注与干扰记录：是什么耗费了你的精力

工作时越专注，效率越高。在工作过程中的各种干扰会不同程度地消耗你的精力。所以，工作中的干扰越少，你用于工作的精力就越多，你的效率就越高。**通常，在工作中最大的干扰源可能是你的手机**。

英国相关机构针对1.25万人进行过一次调查研究，结果显示68%的英国人在观看电视节目时查看手机，结果忘记了享受电视节目。越来越多的研究表明，智能手机对人们的干扰是非常大的，会影响人们的注意力与记忆力。

因此，我们很有必要通过记录干扰源，锁定工作中导致我们精力耗费的干扰因素，排除了这些干扰因素，便可以提高工作效率。

关于专注和干扰的记录，我们将通过工作干扰记录表与手机干扰记录表实例来加以说明：

## 1. 工作干扰记录表实例

| 工作干扰记录表 | | | | |
|---|---|---|---|---|
| 开始工作时间 | 发现干扰时间 | 干扰源 | 具体原因 | 解决对策 |
| 9:00 | 9:15 | 手机 | 客户来电话 | 快速回应，缩短时长 |
| | 9:30 | 同事 | 同事来问问题 | 快速回应，缩短时长 |
| | 9:40 | 同事 | 来邀请中午一起吃饭 | 快速回应，缩短时长 |
| | 9:50 | 手机 | 微信提示 | 关闭提示音 |
| | 10:00 | 手机 | 短信提示 | 关闭提示音 |
| 11:00 | 11:00 | 手机 | 微信提示 | 关闭提示音 |
| | 11:30 | 手机 | 微信提示 | 关闭提示音 |
| | 11:45 | 手机 | 邮件提示 | 关闭提示音 |
| | 11:50 | 自己 | 想中午吃什么 | 利用休息时间进行 |
| | 12:00 | 自己 | 做孩子的午饭 | 利用休息时间进行 |

**记录说明**

开始工作时间：开始从事一项任务之前，记录具体时间。

发现干扰时间：当你意识到自己被打断时，记录具体时间。

干扰源：干扰来自哪里，如手机、声音、周围的人等。

具体原因：来电话、信息提示等。

解决对策：你采用了什么方法解决干扰问题，如果没有采取任何方法就写“无”。

具体的解决对策我们将在第六章做详细讲解。

**记录解读**

干扰来源。

记录干扰来源，便于提出解决问题的对策。从记录中，我们很容易发现干扰工作的因素。这些因素，有的来自外部环境，如手机、同事；有的来自内部，如我们大脑中的想法。

有些干扰源看上去好像没有办法消除，如工作中来了电话。但实际上，这个问题也是有办法解决的。可以让别人了解你的工作习惯，了解什么时候给你打电话合适。如果你给别人打电话也是想起来就打，那么对方随便什么时候打给你也就无可厚非了。可提前与对方沟通，找到一个合适的通话时间。

**解决干扰问题**

可以一项一项地调整，如来自同事的干扰、来自自身的干扰、来自手机的干扰。具体方法，我们将在第六章专门讲解。

### 2. 手机干扰记录表实例

| 手机干扰记录表 | | | | |
|---|---|---|---|---|
| 干扰时间 | 干扰来源（App） | 具体原因 | 重要程度（不重要/重要/非常重要） | 解决对策 |
| 9:15 | 微信 | 朋友来微信 | 不重要 | 屏蔽通知 |
| 9:30 | 微信 | 公司同事微信联络 | 重要 | |

续表

| 手机干扰记录表 | | | | |
|---|---|---|---|---|
| 干扰时间 | 干扰来源（App） | 具体原因 | 重要程度（不重要/重要/非常重要） | 解决对策 |
| 9:45 | 微信 | 领导安排工作 | 非常重要 | |
| 9:50 | 今日头条 | 新闻提示 | 不重要 | 关闭提示音 |
| 10:00 | 短信 | 信息提示 | 不重要 | 关闭提示音 |
| 10:05 | 电话 | 客户电话 | 重要 | |
| 10:25 | 电话 | 家人电话 | 重要 | |
| 10:33 | 邮件 | 垃圾邮件 | 不重要 | 设置屏蔽 |
| 10:45 | 电话 | 骚扰电话 | 不重要 | 设置屏蔽 |
| 11:00 | 微信 | 微信群提示 | 不重要 | 设置屏蔽 |

**为什么要专门记录来自手机的干扰**

手机干扰已经成为这个时代最大的干扰因素，遗憾的是，许多人似乎对此无能为力。

**记录说明**

干扰时间：在什么时间点受到来自手机的干扰。

干扰来源：短信、微信及其他各种App提醒等。

具体原因：这个干扰是来自什么事情，是来自同事间的闲聊，还是来自工作沟通，抑或其他事情。

重要程度：干扰因素是否对你很重要？例如，各种垃圾信息不重要，而客户来电就很重要。

解决对策：你采用什么方式来排除这个干扰。

## 记录解读

提示干扰。

我们会收到手机的各种提示，有用的提示和无用的提示混杂在一起。最难的是，如何把有用的干扰和无用的干扰区别开来。

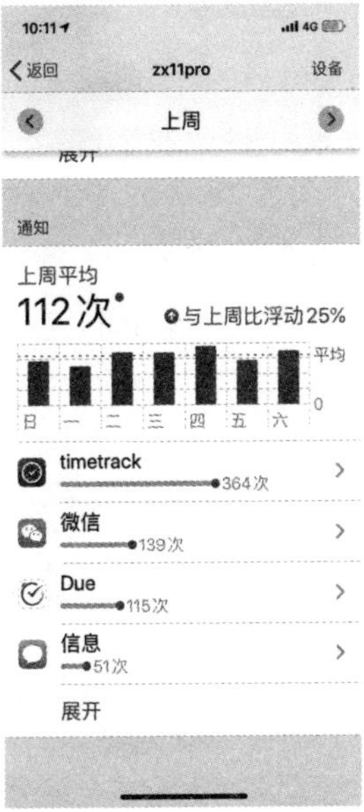


从前面的手机干扰记录表实例中我们可以看出，微信是最大的干扰源。来自微信的干扰信息，有的非常重要，有的不重要，甚至没有用。我们可以根据这个情况，找到一个最优的解决方案，最大限度地避免微信的干扰。

从表格中，我们可以发现，很多骚扰电话也会占用我们的精力，因此屏蔽掉这种性质的来电也非常重要。

如果不能用好手机，不能屏蔽来自手机的各种干扰，那么你在一天之中就难免会浪费大量的时间，而且最大的问题在于，手机的干扰把我们的时间全都变成了碎片时间，导致我们无法从事需要深度思考的工作，影响工作效率，让我们的工作能力大打折扣。

## 自我训练

我们可以用两个表格来记录我们受到的干扰，下面大家可以自行训练，重要的是养成这样的记录习惯。在第六章中，我们将逐步解决这些干扰问题。

| 工作干扰记录表 | | | | |
|---|---|---|---|---|
| 开始工作时间 | 发现干扰时间 | 干扰源 | 具体原因 | 解决对策 |
| | | | | |
| | | | | |
| | | | | |
| | | | | |
| | | | | |
| | | | | |
| | | | | |
| | | | | |
| | | | | |
| | | | | |

续表

| 工作干扰记录表 | | | | |
|---|---|---|---|---|
| 开始工作时间 | 发现干扰时间 | 干扰源 | 具体原因 | 解决对策 |
| | | | | |
| | | | | |
| | | | | |
| | | | | |
| | | | | |
| | | | | |
| | | | | |
| | | | | |

| 手机干扰记录表 | | | | |
|---|---|---|---|---|
| 干扰时间 | 干扰来源（App） | 具体原因 | 重要程度（不重要/重要/非常重要） | 解决对策 |
| | | | | |
| | | | | |
| | | | | |
| | | | | |
| | | | | |
| | | | | |
| | | | | |
| | | | | |
| | | | | |
| | | | | |

续表

| 手机干扰记录表 | | | | |
|---|---|---|---|---|
| 干扰时间 | 干扰来源（App） | 具体原因 | 重要程度（不重要/重要/非常重要） | 解决对策 |
| | | | | |
| | | | | |
| | | | | |
| | | | | |
| | | | | |
| | | | | |
| | | | | |
| | | | | |

# 第四节 精力记录：你的精力是否足够旺盛

科学家研究发现，人的精力在一天之中会有不同的变化，这种变化会表现出周期性规律。我们可以通过记录一天工作时间之内的精力变化，找到精力的不同状态，然后**充分利用最佳精力时间段从事重要的工作，精力不佳的时间段则用来处理一般的事务性工作**。

精力记录需要以一周为一个循环，这样的统计结果会比较真实。因为我们的精力往往受到各种临时性因素的影响，这些临时性因素会导致测试数据不够准确。通过一周的测试，能够抵消因为偶然事件导致的测试误差。

接下来结合实例介绍一下周精力测试记录表：

| 周精力测试记录表 | | | | | | | | | | | | |
|---|---|---|---|---|---|---|---|---|---|---|---|---|
| 时间 | 7:00 | 8:30 | 10:00 | 11:30 | 13: 00 | 14: 30 | 16: 00 | 17: 30 | 19: 00 | 20: 30 | 22:00 | 23:30 |
| 周一 | 3 | 5 | 6 | 6 | 5 | 4 | 5 | 6 | 5 | 5 | 4 | 3 |

续表

| 周精力测试记录表 | | | | | | | | | | | | |
|---|---|---|---|---|---|---|---|---|---|---|---|---|
| 时间 | 7:00 | 8:30 | 10:00 | 11:30 | 13: 00 | 14: 30 | 16: 00 | 17: 30 | 19: 00 | 20: 30 | 22:00 | 23:30 |
| 周二 | 4 | 5 | 5 | 7 | 6 | 3 | 4 | 6 | 4 | 4 | 3 | 2 |
| 周三 | 4 | 4 | 6 | 6 | 4 | 4 | 3 | 5 | 5 | 4 | 3 | 3 |
| 周四 | 3 | 5 | 5 | 5 | 4 | 3 | 3 | 4 | 5 | 5 | 4 | 3 |
| 周五 | 5 | 5 | 7 | 7 | 5 | 4 | 4 | 5 | 6 | 5 | 4 | 3 |
| 周六 | 4 | 4 | 5 | 5 | 4 | 3 | 3 | 5 | 5 | 4 | 3 | 3 |
| 周日 | 4 | 5 | 6 | 7 | 5 | 4 | 4 | 3 | 5 | 5 | 4 | 3 |
| 平均值 | 3.9 | 4.7 | 5.7 | 6.1 | 4.7 | 3.6 | 3.7 | 4.9 | 5.0 | 4.6 | 3.6 | 2.9 |

记录说明

每天从早晨7点开始进行精力记录，一直到晚上11点半。每天有12个测试的点。你也可以从更早的时间开始，根据你自己的习惯去记录自己的精力评估值，每天保证12个点。

一周下来，每一个时间点有7个记录，把这7个记录相加除以7，得出每一个时间点的平均值。

以精力平均值为纵坐标，以时间为横坐标，画出你一天的精力规律曲线。找到你一天中精力较佳的时间点与精力较差的时间点。

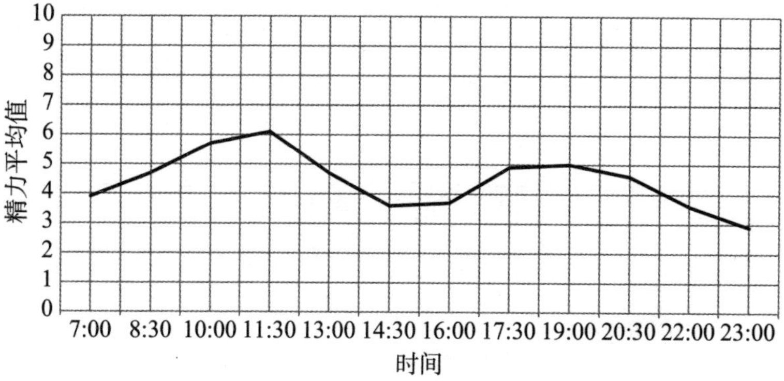


精力曲线

根据曲线，调整你一天的工作习惯。安排精力好的时间段做重要的、有难度的工作。

**记录解读**

从一周的记录中，我们发现一天当中，填表者上午10点以后的精力状态不错，下午也有一个精力状态的峰值，这就是其最佳精力时间段，适合从事重要的工作。

**记录过程中可能遇到的问题及解决方法**

因为需要记录一周的工作，每天记录12个点，一周需要记录84个点，所以非常容易出现遗忘导致的记录中断。因此，可以通过手机App设置提醒。

这种精力记录需要多做几次。在你读本书的时候，可以做一次；按照本书的方法改善了精力状态以后，再记录一次，并画出调整以后的精力曲线；之后，再根据新的曲线安排你的学习和工作。

需要注意的是，记录过程中特别容易出现烦躁情绪，主要是因为忘记了记录，这时一定要有耐心。可以通过正念冥想的方式，让自己快速平静下来。

我们将在第三章详细讨论精力与工作目标的匹配问题。

## 自我训练

- 记录自己每天在每个时间点的精力评估值，发现精力曲线。
- 根据曲线，调整自己的工作安排。

**周精力测试记录表**

| 时间 | 7:00 | 8:30 | 10:00 | 11:30 | 13: 00 | 14: 30 | 16: 00 | 17: 30 | 19: 00 | 20: 30 | 22:00 | 23:30 |
|---|---|---|---|---|---|---|---|---|---|---|---|---|
| 周一 | | | | | | | | | | | | |
| 周二 | | | | | | | | | | | | |
| 周三 | | | | | | | | | | | | |
| 周四 | | | | | | | | | | | | |
| 周五 | | | | | | | | | | | | |
| 周六 | | | | | | | | | | | | |
| 周日 | | | | | | | | | | | | |
| 平均值 | | | | | | | | | | | | |

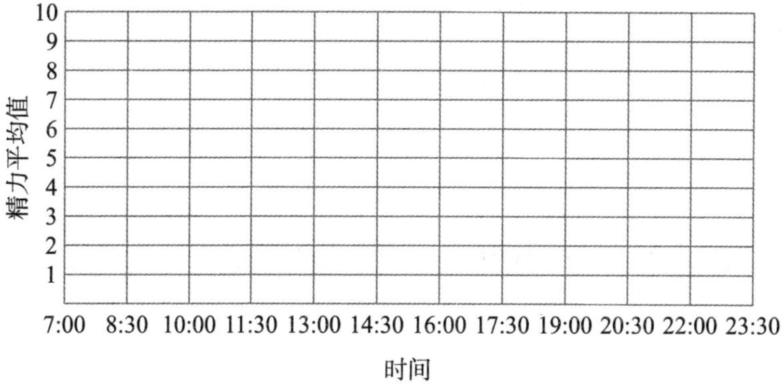
精力平均值
10
9
8
7
6
5
4
3
2
1
7:00 8:30 10:00 11:30 13:00 14:30 16:00 17:30 19:00 20:30 22:00 23:30
时间

精力曲线

## 第五节　压力释放：影响精力的重要因素

现代社会，人们始终处于高速运转的状态，因此更容易处于各种压力之中。这些压力往往来自生活与工作，严重消耗了我们的精力。如何有效释放压力，恢复正常的精力状态，减少精力浪费，是每个人面临的重要问题。在本节中，我们将通过统计，了解自己的压力主要来自哪里，从而找到相应的减压方法。

你是否清楚自己每天的压力来自哪里？也许你会说工作压力太大，但具体是工作中的哪个环节？你就不一定能说清楚。不了解自身的压力源，就像找不到病根，无法对症下药。

阿D是做工程的，每天吃住在项目工地上，早上7点起床，8点上班，一直到凌晨12点下班，洗漱完毕到凌晨1点入睡。每天阿D都显得狼狈不堪，无精打采，工作效率也不高。而且，一年365天，除了春节可以休息一个月，其他时间阿D天天上班，只有运气好的时候才能请到假。

阿D感觉非常压抑，透不过气来，感觉每天都像在坐牢。他不止一次想过辞职，但根本没时间找工作，而如果“裸辞”，房贷就还不上了……

像阿D这样的情况并不少见，实际上，如果可以更好地释放压力，他完全可以在忙碌的生活工作中获得喘息的机会，从而找到一份新的工作，开始新的生活。

如果你也面临着与阿D相同的问题，需要怎么做呢？首先，你需要对自己目前承受的压力进行分析，你需要一张压力来源记录表；其次，你需要有针对性地减压，此时你需要一张减压方法自检表。对此，你可以参照下面的实例：

### 1.压力来源记录表实例

| 压力来源记录表 | | | | |
|---|---|---|---|---|
| 记录时间 | 压力触发 | 压力来源 | 压力说明 | 放松方法 |
| 9:20 | 看到朋友的奔驰车 | 朋友 | 朋友有奔驰车，我没有 | 调整心态，自己的普通汽车性能也不错 |
| 10:00 | 想到孩子的学校 | 大脑 | 孩子不能去好学校上学 | 调整心态，普通学校也能培养优秀的学生 |
| 10:30 | 想到孩子 | 大脑 | 没钱买好的学区房 | 调整心态，学区房并不是孩子优秀的保证 |

续表

| 压力来源记录表 | | | | |
|---|---|---|---|---|
| 记录时间 | 压力触发 | 压力来源 | 压力说明 | 放松方法 |
| 13:00 | 看到公司考核通知 | 公司 | 担心考核不能通过，被辞退 | 努力工作，为迎接考核做好准备 |
| 14:00 | 朋友发的旅行照片 | 朋友圈 | 感觉自己很失败，不能去世界各地旅行 | 根据实际情况给自己安排一场短途旅行，放松身心 |
| 15:50 | 朋友发的工资表 | 朋友圈 | 看到别人赚钱比自己多很多，觉得自己很失败，很有压力 | 调整心态，钱并不是衡量成功与否的唯一标准 |
| 16:00 | 同事的LV包 | 同事 | 自己买不起很贵的包，感觉很失败 | 调整心态，许诺在生日时给自己买一款好看实用、性价比高的包 |

记录说明

记录时间：当你感觉到压力时，是什么时间？

压力触发：是什么事情触发了你的压力反应？

压力来源：你感觉到的压力来自哪里？工作、家庭，还是朋友、自己、媒体等？

压力说明：对让你感觉到压力的事情的说明。

放松方法：对于这种压力，你通常采用何种放松方法，或者是否没有方法？

有时候，一种压力会在一天之中反复出现，只要出现一次，就记录一次。

**记录解读**

我们从表中可以看出，填表者压力来自工作考核、与朋友同事的攀比和育儿方面的问题。这些压力问题如果不解决，会让你的工作效率变得非常低，导致生活品质很差，每天都处在一种失败感和自责中，而且还有被辞退的危险。记录压力，是为了发现我们的压力来源，并且针对压力的来源和特点，采取相应的措施。如果我们任由这些压力每天吞噬我们的精力，时间长了就会导致抑郁甚至更严重的问题。我们将在第五章专门提供相应的解决方案。

**记录过程中可能遇到的问题及解决方法**

记录压力本身会很痛苦，这也是一个不容易克服的问题。

## 2.减压方法自检表实例

| 减压方法自检表 | | |
|---|---|---|
| 减压方法 | 是否在用 | 是否正确 |
| 喝酒 | 是 | 否 |
| 抽烟 | 是 | 否 |
| 倾诉 | 是 | 是 |
| 刷电视剧 | 是 | 否 |
| 吃东西 | 是 | 不知道 |

续表

| 减压方法自检表 | | |
|---|---|---|
| 减压方法 | 是否在用 | 是否正确 |
| 看电影 | 是 | 是 |
| 运动 | 否 | 是 |
| 听音乐 | 是 | 是 |
| 散步 | 是 | 不知道 |
| 瑜伽 | 否 | 不知道 |
| 冥想 | 否 | 不知道 |
| 阅读一本放松类的书 | 是 | 是 |
| 写东西 | 否 | 不知道 |
| 哭 | 是 | 不知道 |
| 织毛衣 | 否 | 不知道 |
| 书法 | 否 | 不知道 |
| 画画 | 否 | 不知道 |
| 弹奏乐器 | 否 | 不知道 |
| 下棋 | 否 | 不知道 |
| 玩游戏 | 是 | 否 |

**填写说明**

对于表格中未列出的减压方法，你可以自己补充。

**记录解读**

从这个表中我们可以看到，填表者采取的大多数减压方法都是不正确的以及不知道是否正确的，所以有很大的改善空间。这个记录可以为填表者调整压力和寻找合适的减压方法提供依据。

**可能存在的问题及解决方法**

对于自己的减压方法，可能一时难以完全想出。没关系，可以慢慢来。你可以先打印一个表格，通过一周或者更长的时间，发现自己习惯使用的减压方法。

## 自我训练

这个训练的目的，是培养我们记录自己压力的习惯，发现压力来源以及自己习惯性的减压方式，便于以后进行改善。

训练步骤：

- 填写压力来源记录表，发现自己的压力来源。
- 填写减压方法自检表，找出自己正在使用的减压方法。

我们将在第五章讲解具体的压力释放方法，届时大家可以根据记录的压力来源和当前正在使用的减压方法做出调整。

| 压力来源记录表 | | | | |
|---|---|---|---|---|
| 记录时间 | 压力触发 | 压力来源 | 压力说明 | 放松方法 |
| | | | | |
| | | | | |
| | | | | |
| | | | | |

续表

| 压力来源记录表 | | | | |
|---|---|---|---|---|
| 记录时间 | 压力触发 | 压力来源 | 压力说明 | 放松方法 |
| | | | | |
| | | | | |
| | | | | |
| | | | | |
| | | | | |
| | | | | |
| | | | | |
| | | | | |
| | | | | |
| | | | | |
| | | | | |
| | | | | |
| | | | | |
| | | | | |

| 减压方法自检表 | | |
|---|---|---|
| 减压方法 | 是否在用 | 是否正确 |
| | | |
| | | |
| | | |
| | | |
| | | |

续表

| 减压方法自检表 | | |
| --- | --- | --- |
| 减压方法 | 是否在用 | 是否正确 |
| | | |
| | | |
| | | |
| | | |
| | | |
| | | |
| | | |
| | | |
| | | |
| | | |
| | | |
| | | |
| | | |
| | | |
| | | |

# 第六节 习惯记录：你的精力是否被用于真正值得的地方

好的习惯会为我们节省更多的精力，差的习惯会消耗更多的精力。在现实生活中，很多人由于不懂精力管理，任凭精力被浪费在一些坏习惯上而不自知。

| | | |
|---|---|---|
|  | 长时间午睡 | 不超过20分钟的午睡会让人精神焕发，而长时间的午睡则会让人昏昏沉沉，因为入睡30—60分钟之后，人就会进入深度睡眠状态 |
|  | 压力过大 | 适度的压力会让你变得更出色，而压力一旦超过临界线，就很可能会导致崩溃。你不必担忧每一件事情，只需关注最有价值的任务，把精力用在对的地方 |
|  | 熬夜 | 你安慰自己说：“只有在夜里才能找到灵感。”但第二天你就会付出代价。研究证明，早起的人会更加高效 |
|  | 手机干扰 | 过度依赖手机已经成为现代人的通病，他们大部分精力都消耗在这方面 |
|  | 日程过密 | 工作安排一件接一件，有时候你可能很享受这种忙碌的感觉，实际上它耗费了大量精力使你无法从事更有价值的事情 |

导致精力白白被浪费的习惯还有很多，每个人都应该根据自身的情况进行统计，锁定那些消耗精力的坏习惯并加以改变。

本节我们推荐两个表格，分别是需要改掉的习惯记录表与需要养成的习惯记录表。下面先来看一下实例：

### 1.需要改掉的习惯记录表实例

| 需要改掉的习惯记录表 | |
|---|---|
| 习惯名称 | 是否影响你的学习和工作 |
| 抽烟 | 是 |
| 喝酒 | 是 |
| 晚睡 | 是 |
| 暴饮暴食 | 不知道 |
| 不吃早餐 | 不知道 |
| 睡觉前3小时内吃东西 | 不知道 |
| 晚上吃很多 | 不知道 |
| 睡觉前刷手机 | 是 |
| 工作前先做无关的事 | 是 |
| 拖延 | 是 |
| 沉迷于游戏 | 是 |
| 经常睡眠不足 | 是 |
| 晚起 | 是 |

记录说明

通过一周左右的时间，找出自己的不良习惯，在今后的学习和工作中不断加以改善。我们将在第四章专门讨论改变习惯的方法和实践。

**记录解读**

通过上面的表格，我们发现记录者有很多不良的习惯，而且这些习惯有些特别难以改正，如晚睡、抽烟、沉迷于游戏。对此，首先要把所有的不良习惯记录下来，然后从简单和容易调整的习惯开始，慢慢去改正。

**记录过程中可能遇到的问题及解决方法**

记录的过程中会产生压力和焦虑，因为发现自己有太多的坏习惯需要去改正，可能让自己产生悲观情绪。在这种情况下，首先要对自己有信心，一定要相信自己。这些坏习惯不可能一下子全部改正，但是，一个一个地来，是有可能慢慢改正的。如果对自己没有信心，就会失去改正的勇气和机会。

通过练习正念冥想，可以让自己正视这些习惯，接受自己的不完美，成为更好的自己。

## 2.需要养成的习惯记录表实例

| 需要养成的习惯记录表 | |
|---|---|
| 习惯名称 | 需要养成的原因 |
| 专注 | 提高学习、工作效率 |
| 吃早餐 | 保持身体健康，提高精力水平 |

续表

| 需要养成的习惯记录表 | |
|---|---|
| 习惯名称 | 需要养成的原因 |
| 冥想 | 提高专注力、减压能力和自我觉察能力 |
| 晨间日记 | 了解自己，规划自己的生活，提高思维的条理性 |
| 可视化 | 提高解决问题的能力，预先找到可能的问题 |
| 运动 | 保持身体健康，提高精力水平 |
| 深呼吸 | 提高专注力，解压 |
| 阅读 | 坚持终身学习 |
| 放松 | 提高精力的恢复能力 |
| 吃水果 | 保持身体健康，提高精力水平 |
| 吃蔬菜 | 保持身体健康，提高精力水平 |
| 补水 | 保持身体健康，提高精力水平 |
| 早起 | 尽快进入状态 |
| 规划一天 | 提高学习、工作效率 |
| 回顾一天 | 有利于促进个人不断进步 |
| 一次一事 | 提高专注度，提高深度学习的能力 |
| 跟踪目标 | 提高完成目标的能力 |

**记录说明**

好的习惯不是一下子能想出来的，可以通过阅读，收集，积累好习惯，然后从最简单的开始培养。通过积累，完善自己的习惯系统。

**记录解读**

从上面的需要养成的习惯记录表中，我们看到了填表者收集到了一些好习惯。这些好习惯中有一些比较难养成，可以从最容易的开始，如每天吃早餐。

可以根据自身的情况，收集更多的好习惯，建立适合自己的习惯系统。如果你不重视身体健康，可以从与身体健康有关的习惯开始；如果你感觉自己的工作效率不高，可以从提高工作效率的习惯入手；如果你每天的压力过大，可以从缓解压力的习惯开始。

**可能出现的问题及解决对策**

在发现好习惯的过程中，保持耐心是非常重要的品质。要接受当下的自己，相信自己一定能够培养出好习惯，来获得更好的精力，成为一个高效的现代人。

## 自我训练

通过以上两个表格，找到自己的坏习惯以及想要培养的好习惯。

我们将在第四章详细讨论如何改掉坏习惯和培养好习惯，并加以练习。

| 需要改掉的习惯记录表 | |
|---|---|
| 习惯名称 | 是否影响你的学习和工作 |
| | |
| | |
| | |

续表

| 需要改掉的习惯记录表 | |
|---|---|
| 习惯名称 | 是否影响你的学习和工作 |
| | |
| | |
| | |
| | |
| | |
| | |
| | |
| | |
| | |
| | |
| | |
| | |
| | |
| | |
| | |
| | |

| 需要养成的习惯记录表 | |
|---|---|
| 习惯名称 | 需要养成的原因 |
| | |
| | |
| | |

续表

| 需要养成的习惯记录表 | |
|---|---|
| 习惯名称 | 需要养成的原因 |
| | |
| | |
| | |
| | |
| | |
| | |
| | |
| | |
| | |
| | |
| | |
| | |
| | |
| | |
| | |
| | |

# 第七节 身体与精力记录：激发最佳精力的身体能量

你的精力状况，很大程度上取决于你的身体状况。而身体状况，取决于你的饮食、运动和睡眠的习惯。

那么，你了解自己的身体状况吗？下面这个测试会在某种程度上反映你最近的情况。

1.你是否处于标准体重的范围之内？

男性标准体重计算公式＝［身高（cm）－100］×0.9（kg）

女性标准体重计算公式＝［身高（cm）－100］×0.9（kg）－2.5（kg）

是—1分　　　　否—0分

2.你的睡眠状况好吗？

是—1分　　　　否—0分

3.最近是否食欲不振？

是—0分　　　　否—1分

4.遇到急事需要跑步，结束之后经常喘不上气吗？

是—0分　　　　　否—1分

5.工作一段时间之后，如连续工作两小时，身体就会感到疲惫？

是—0分　　　　　否—1分

6.你平时坚持运动吗？

是—1分　　　　　否—0分

7.你有午休的习惯吗？

是—1分　　　　　否—0分

8.每次运动之后，第二天腰酸背痛，需要很久才能恢复？

是—0分　　　　　否—1分

9.你的饮食习惯健康吗？

是—1分　　　　　否—0分

10.你每天坐着的时间超过8小时吗？

是—0分　　　　　否—1分

11.你有吸烟酗酒的问题吗？

是—0分　　　　　否—1分

12.你经常熬夜吗？

是—0分　　　　　否—1分

测试结果：

11—12分：优秀。

你的身体健康状况良好，相对于大多数人来说已经非常不错了，建议继续保持。

8—10分：良好。

健康状况良好，但是某些方面可能较差，存在某些不良习惯，需要循序渐进地加以改变。

4—7分：勉强及格。

需要注意了，你已经处于亚健康状态，必须引起足够的重视。如果不进行改变，疾病很快就会找上你。

3分及以下：差。

很遗憾，你可能已经疾病缠身了，尤其是一些慢性病，你需要及时就医并进行调整。

了解完身体状况之后，我们还可以通过记录三个表格，为改善身体状况，进而改善精力状况提供基础数据：周健康饮食记录表、周运动记录表与周入睡醒来记录表。先来看几个实例：

### 1.周健康饮食记录表实例

| 周健康饮食记录表 | | | | | |
|---|---|---|---|---|---|
| 时间 | 餐别 | 碳水化合物 | 蛋白质 | 蔬菜水果 | 水/饮料 |
| 周一 | 早 | 无 | 无 | 无 | 不知道 |
| | 中 | 米饭 | 红烧肉 | 炒油菜 | 未统计 |
| | 晚 | 面条 | 牛肉 | 无 | 未统计 |

续表

| 周健康饮食记录表 | | | | | |
|---|---|---|---|---|---|
| 时间 | 餐别 | 碳水化合物 | 蛋白质 | 蔬菜水果 | 水/饮料 |
| 周二 | 早 | 无 | 无 | 无 | 无 |
| | 中 | 米饭 | 扣肉 | 圆白菜 | 矿泉水 |
| | 晚 | 面条 | 鸡蛋 | 无 | 可乐 |
| 周三 | 早 | 粥、包子 | 猪肉 | 无 | 无 |
| | 中 | 米饭 | 回锅肉 | 西蓝花 | 可乐 |
| | 晚 | 米饭 | 午餐肉 | 油菜 | 雪碧 |
| 周四 | 早 | 无 | 无 | 无 | 无 |
| | 中 | 米饭 | 鸡肉 | 蔬菜沙拉 | 可乐 |
| | 晚 | 米饭 | 咖喱牛肉 | 圆白菜 | 矿泉水 |
| 周五 | 早 | 无 | 无 | 无 | 无 |
| | 中 | 米饭 | 红烧肉 | 油菜 | 可乐 |
| | 晚 | 方便面 | 无 | 无 | 无 |
| 周六 | 早 | 无 | 无 | 无 | 无 |
| | 中 | 米饭 | 猪蹄 | 圆白菜 | 可乐 |
| | 晚 | 米饭 | 腊肉 | 无 | 可乐 |
| 周日 | 早 | 无 | 无 | 无 | 无 |
| | 中 | 米饭 | 猪大肠 | 西蓝花 | 可乐 |
| | 晚 | 米饭 | 鸡蛋 | 韭菜 | 可乐 |

记录说明

低碳水化合物包括各谷物，不包括大米、白面；蛋白质包括豆类及各种肉类。通过这个表格统计一周的饮食习惯。

正常的饮食应该包括一天的三餐，尤其是早餐。饮食结构应该包括碳水化合物、蛋白质和蔬菜水果。尽量避免各种有添加剂的食品。摄入的碳水化合物，最好是升糖指数低的食物，如各种杂粮。

**记录解读**

我们从这个例子中，可以发现下面这些问题：

记录者经常不吃早餐，这是一个需要纠正的习惯。

记录者的饮食结构中基本没有水果，蔬菜的量也不够，需要调整。

记录者摄入的米饭、面条等基本都是高碳水化合物食物，对身体不好。

记录者的饮食中，有过多的添加剂，如午餐肉，不利于健康。

记录者用可乐代替了水，摄入过多的糖分，不利于健康。

这个记录者的饮食结构有很大的改进空间。

**可能的问题及解决的方法**

记录一周的饮食有很大的难度，最常见的问题是忘记记录。所以，要在吃饭的时间，给自己一个提醒，可以在手机或者闹钟上设置提醒。另外，通过正念冥想，提高自己的自我觉察能力，提高记录的能力。

如果不提高健康意识，很难坚持记录每天的饮食。要相信改善饮食能改善你的精力，改善了精力，就能够提高生活品质和解决问题的能力。

## 2.周运动记录表实例

| 周运动记录表 | | | | | | |
|---|---|---|---|---|---|---|
| 时间 | | 运动类型 | 运动时长（分钟） | 运动地点 | 感受 |
| 周一 | 早 | | | | |
| | 中 | | | | |
| | 晚 | 跑步 | 20 | 小区 | 很爽 |
| 周二 | 早 | | | | |
| | 中 | | | | |
| | 晚 | | | | |
| 周三 | 早 | | | | |
| | 中 | | | | |
| | 晚 | | | | |
| 周四 | 早 | | | | |
| | 中 | | | | |
| | 晚 | 跑步 | 15 | 小区 | 累 |
| 周五 | 早 | | | | |
| | 中 | | | | |
| | 晚 | | | | |
| 周六 | 早 | | | | |
| | 中 | 散步 | 30 | 小区 | 累 |
| | 晚 | | | | |
| 周日 | 早 | | | | |
| | 中 | | | | |
| | 晚 | | | | |

**记录说明**

记录锻炼时长，确定锻炼是否充分。

记录锻炼的时间，确定你的锻炼习惯是否恰当。

**记录解读**

我们观察上面的记录会发现：

记录者一周的运动量过少。

记录者的运动方式过于简单，不能让身体得到充分的锻炼。

记录者还没有养成运动的习惯。

**记录过程中可能出现的问题和解决方法**

做一周的记录，非常容易忘记某次的记录。需要每天设置记录提醒来保证记录的完整性。通过正念冥想，提高自我觉察能力，实现记录的完整。

### 3.周入睡醒来记录表实例

| 周入睡醒来记录表 | | | |
|---|---|---|---|
| 时间 | 入睡 | 醒来 | 睡眠时长 |
| 周一 | 0:00 | 8:00 | 8小时 |
| 周二 | 1:00 | 8:00 | 7小时 |
| 周三 | 0:00 | 7:00 | 7小时 |
| 周四 | 23:30 | 7:00 | 7小时30分 |
| 周五 | 23:00 | 7:50 | 8小时50分 |

续表

| 周入睡醒来记录表 | | | |
|---|---|---|---|
| 时间 | 入睡 | 醒来 | 睡眠时长 |
| 周六 | 0:50 | 7:00 | 6小时10分 |
| 周日 | 2:00 | 9:00 | 7小时 |
| 平均 | | | 约7小时22分 |

**记录说明**

在手机上设定提醒，以保证不会忘记记录。

统计一周的睡眠时长，观察睡眠是否充足。

睡眠习惯与你的精力状况高度相关。

**记录解读**

从表格中我们可以发现：

记录者的入睡时间很晚，除周五外，每天都是在23点以后入睡。

因为入睡时间晚，导致起床时间比较晚。

周末的入睡时间特别晚，这可能是公休日放松导致的。这样的睡眠习惯，会导致以很差的精力状态进入新的一周。

这是一个需要调整的睡眠习惯。

**记录过程中可能出现的问题和解决方法**

忘记记录是可能出现的最大的问题，需要设置一个提醒，可以用手机App设置提醒。

## 自我训练

本节我们将用三个表格训练记录饮食、运动与睡眠，了解自己可能因身体原因导致的精力问题。

| 周健康饮食记录表 | | | | | |
|---|---|---|---|---|---|
| 时间 | 餐别 | 碳水化合物 | 蛋白质 | 蔬菜水果 | 水/饮料 |
| 周一 | 早 | | | | |
| | 中 | | | | |
| | 晚 | | | | |
| 周二 | 早 | | | | |
| | 中 | | | | |
| | 晚 | | | | |
| 周三 | 早 | | | | |
| | 中 | | | | |
| | 晚 | | | | |
| 周四 | 早 | | | | |
| | 中 | | | | |
| | 晚 | | | | |
| 周五 | 早 | | | | |
| | 中 | | | | |
| | 晚 | | | | |
| 周六 | 早 | | | | |
| | 中 | | | | |
| | 晚 | | | | |

续表

| 周健康饮食记录表 | | | | | |
|---|---|---|---|---|---|
| 时间 | 餐别 | . 碳水化合物 | 蛋白质 | 蔬菜水果 | 水/饮料 |
| 周日 | 早 | | | | |
| | 中 | | | | |
| | 晚 | | | | |

| 周运动记录表 | | | | | |
|---|---|---|---|---|---|
| 时间 | | 运动类型 | 运动时长（分钟） | 运动地点 | 感受 |
| 周一 | 早 | | | | |
| | 中 | | | | |
| | 晚 | | | | |
| 周二 | 早 | | | | |
| | 中 | | | | |
| | 晚 | | | | |
| 周三 | 早 | | | | |
| | 中 | | | | |
| | 晚 | | | | |
| 周四 | 早 | | | | |
| | 中 | | | | |
| | 晚 | | | | |
| 周五 | 早 | | | | |
| | 中 | | | | |
| | 晚 | | | | |
| 周六 | 早 | | | | |
| | 中 | | | | |
| | 晚 | | | | |

续表

| 周运动记录表 | | | | | |
|---|---|---|---|---|---|
| 时间 | | 运动类型 | 运动时长（分钟） | 运动地点 | 感受 |
| 周日 | 早 | | | | |
| | 中 | | | | |
| | 晚 | | | | |

| 周入睡醒来记录表 | | | |
|---|---|---|---|
| 时间 | 入睡 | 醒来 | 睡眠时长 |
| 周一 | | | |
| 周二 | | | |
| 周三 | | | |
| 周四 | | | |
| 周五 | | | |
| 周六 | | | |
| 周日 | | | |
| 平均 | | | |

# 本章小结

- 通过记录精力现状，找到我们精力调整的起点。
- 记录精力分配情况，了解我们的精力使用习惯。
- 记录工作和休息的节律，发现我们精力使用中不合理的地方。
- 记录专注和干扰的情况，找出可以排除的干扰。
- 记录我们的情绪节律，提高精力使用的科学性。
- 记录压力来源以及放松方法，为寻找正确的应对策略提供参考。
- 记录我们现有的各种习惯，制作习惯清单，为改掉坏习惯、培养好习惯提供依据。
- 记录我们的生活习惯，包括饮食、运动和睡眠等方面的，为调整生活习惯提供参考。

第三章

# 目标与精力管理——目标与精力的合理匹配

实现一个目标需要相应的精力支持，需要精力与目标相匹配。目标是否与精力匹配，需要从两个方面衡量：

- 你的精力是不是能够支持你当前想要达到的目标?
- 你的目标是否足够清晰明了，让你能够完成?

## 第一节　让精力与目标匹配

目标与精力的匹配管理，就是在目标与精力之间建立一个平衡关系，保证精力能够支撑你实现目标，同时保证目标设立的合理性。如果你每天工作的时候都感觉特别疲劳，无法百分之百地完成任务，这就说明你的精力不足以支撑目标的实现，也可能是目标设置得过高。如果每天都因精力不足而无法很好地完成工作，会滋生消极情绪，而情绪反过来又会导致精力的流失，如此就会形成恶性循环。

为什么会有精力不够的现象呢？通常有两个方面的原因：一是要做的事情太多，精力不够分配；二是身体与环境的问题导致精力供应不足。

有人说，人生的每一步都是选择题。所以，最重要的人生问题，就是如何做出正确的选择。想要的太多，是大多数人都容易掉入的坑。

心理学家曾经做过实验，在超市有两组草莓试吃促销活动，一组有6个品种，另一组有24个品种。令人大跌眼镜的是，有24种草莓的那组销售量只有另一组的十分之一。

因为想要的太多，就会产生选择障碍，导致不能正确做出选择，甚至不选择。安排太多的工作，其结果只能是每一项工作都无法完成。

在工作和生活中，我们特别容易陷入一种误区，那就是看什么都觉得特别重要。戴维·梭罗说："事无巨细地接手100件事，不如只挑其中最重要的一件认真去做。"[①]在所有的工作中，一定有一件工作与其他工作相比是最重要的，完成了这件工作，其他工作就变得容易了。帕累托法则告诉我们，80%的收获得益于20%的付出，这20%就是最重要的工作。

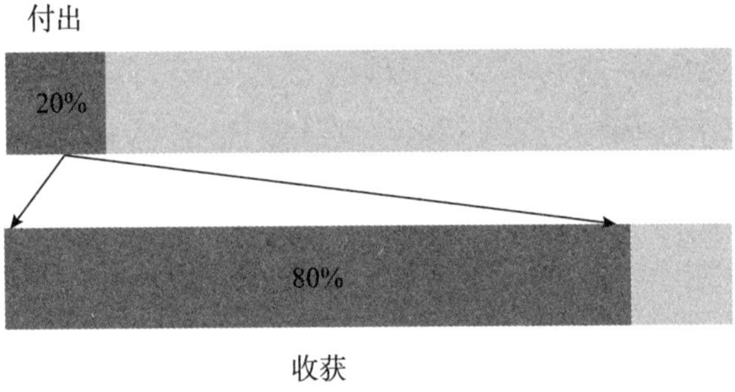


帕累托法则

**发现精力分配的现状**

我们在第二章的第一节介绍过两个表格——每日工作精力状况统计表与业余时间精力分配表，在第二章的第四节介绍过一个表格——周精力测试记录表，我们可以使用这三个表格，搞定精力与

① ［美］梭罗著：《瓦尔登湖》，李继宏译，天津人民出版社2013年版。

目标的匹配。

从这三个表格中，我们就能够解读出：

- 在工作和业余时间，我们做了哪些事？这些事是否重要？
- 我们每天什么时间精力很好，什么时间精力很差？

根据读解的信息，我们可以按照下述步骤来执行：

- 通过记录，统计一天所做的事情，评估精力状况；
- 分析统计记录，看看我们安排的工作量是否合理；
- 重新评估工作的重要性，给工作排序；

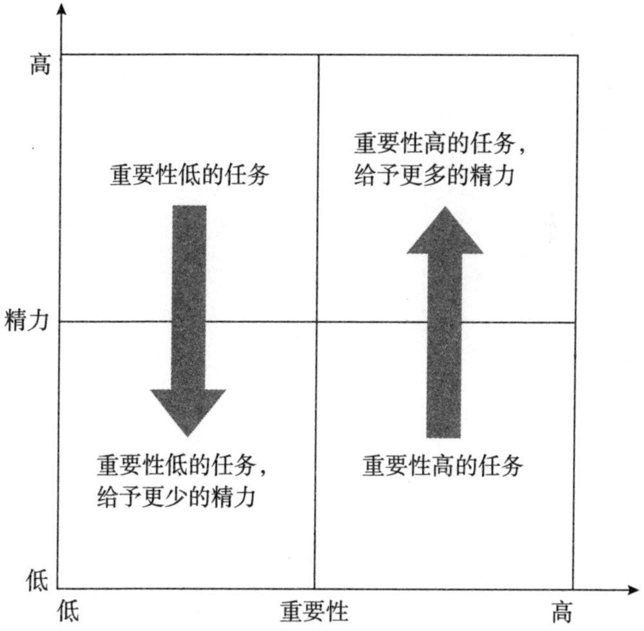


- 根据我们的精力状态（周精力曲线），重新安排自己的工作。

## 自我训练

在第二章学习的表格中分别加上“重要性评估”一项，将表格升级成进阶版，利用修改后的表格训练目标与精力的合理分配。

| 每日工作精力状况统计表（进阶版） | | | | | |
|---|---|---|---|---|---|
| 时间段 | 事项 | 分类（工作/休息） | 时长（分钟） | 精力评估（1—10） | 重要性评估（1—10） |
| | | | | | |
| | | | | | |
| | | | | | |
| | | | | | |
| | | | | | |
| | | | | | |
| | | | | | |
| | | | | | |
| | | | | | |
| | | | | | |
| | | | | | |
| 统计 | 工作总时长 | | 工作占上班时间百分比 | | |
| | 休息总时长 | | 休息占上班时间百分比 | | |
| | 一天精力良好时间段 | | 一天精力较差时间段 | | |

根据统计结果找出需要解决的问题：

- 如何安排一天中精力最好的时间段？
- 如何安排一天中精力差的时间段？
- 我的工作休息时间安排是否合理？如何调整？

| 业余时间精力分配表（进阶版） | | | | | |
|---|---|---|---|---|---|
| 时间段 | 事项 | 分类 | 时长（分钟） | 精力评估（1—10） | 重要性评估（1—10） |
| | | | | | |
| | | | | | |
| | | | | | |
| | | | | | |
| | | | | | |
| | | | | | |
| | | | | | |
| | | | | | |
| | | | | | |
| | | | | | |
| | | | | | |
| | | | | | |
| | | | | | |
| | | | | | |
| | | | | | |
| | | | | | |
| | | | | | |

根据表格数据需要解决的问题：

- 业余时间主要做的事情是什么？这些事情对我有什么意义？
- 我在业余时间精力分配情况如何？
- 如何更好地在业余时间分配精力？

周精力测试记录表

| 时间 | 7:00 | 8:30 | 10:00 | 11:30 | 13: 00 | 14: 30 | 16: 00 | 17: 30 | 19: 00 | 20: 30 | 22:00 | 23:30 |
|---|---|---|---|---|---|---|---|---|---|---|---|---|
| 周一 | | | | | | | | | | | | |
| 周二 | | | | | | | | | | | | |
| 周三 | | | | | | | | | | | | |
| 周四 | | | | | | | | | | | | |
| 周五 | | | | | | | | | | | | |
| 周六 | | | | | | | | | | | | |
| 周日 | | | | | | | | | | | | |
| 平均值 | | | | | | | | | | | | |

通过测试，画出每日的精力曲线。根据曲线，调整自己每天的工作和生活。

## 第二节　让目标变清晰，让精力有的放矢

本章我们讨论的是如何合理分配精力，让精力能够匹配目标。想要让精力与目标匹配，先要知道目标是什么。那么，应该如何找到清晰的目标呢？这是我们这一部分要讲解的核心问题。

**帕累托法则：用80%的精力解决20%的目标**

帕累托法则指的是，少数事件对结果产生主要的影响。

- 大多数的成果缘于少数的几个原因。
- 大部分的产出源于少数的几种投入。
- 大部分的结果归功于少数的努力和精力的投入。

比如说在工作中，在所有需要完成的任务中，真正对我们特别重要的、有意义的，只占我们总任务的20%。我们需要通过完成这20%的任务，来获得80%的效果。因此，我们要将80%的精力投入20%的最重要的事情中去。

帕累托法则源于19世纪末在洛桑大学工作的意大利经济学家维

弗雷多·帕累托教授。他在研究英格兰财富分配的格局时发现，总人口中的小部分掌控着大部分的财富。后来，他把这个研究扩展到了意大利、瑞士、德国等国家，发现也有同样的规律。之后，人们发现在其他许多领域都有类似的规律。比如说你周围的朋友，你可以想想看，真正给你带来快乐的，可能也就是20%。

在目标与精力的匹配管理中，可以遵循帕累托法则，把80%的精力用于解决20%的关键问题。

利用帕累托法则实际上就是不断问自己下面这个问题：**我完成什么任务，就解决了当前面临的大部分问题？**

比如，你有一个计划，可以问自己：我完成了这个计划的哪个部分，就完成了这个计划的大部分内容？如果你今天需要实现一个目标，也可以问自己，我今天完成了哪些任务，就能够很快实现这个目标。

### SMART原则：提高目标成功率的关键法则

SMART原则，是为了让目标更容易实现所需要的思考方法。我们在匹配精力和目标的过程中，需要一个切实可行的目标，而不是一个只是看上去很美的目标，所以我们可以使用SAMRT原则来让目标更具体、更清晰、易实现。

SMART原则一共有5个维度。

- S（Specific）：明确。目标一定是明确的，而不是抽象的。比如，你的目标是有钱，这就是抽象的，你要赚100万元，这就是明确的、具体的。

● M（Measurable）：可测量。目标的可测量，体现在你知道怎样算实现了目标，以及怎样算实现了一半，怎样算实现了十分之一。你要有一个标准，来衡量实现目标的进展。

● A（Attainable）：可达成。就是说，你的目标不是一个不可能完成的任务。比如，你是要赚1万元还是100万元。根据你的实际情况，你要设立一个能够实现的目标，而不是天马行空。

● R（Relevant）：相关性。你的目标应是一个与你要实现的愿景相关的目标，要与你实际的愿景相结合。这个维度也可解释为资源或奖励，也就是说，你的目标需要有相关资源，能够获得回报。

● T（Time-bound）：期限。目标如果没有设置一个期限，就可能变成空想。所有靠谱的目标，都必须有一个完成的期限，而且要有阶段性的任务期限。只有这样，才能够一步一步地接近目标，最后实现目标。

美国的通用电气公司一直致力于践行SMART原则，提高企业绩效和员工的能力。该公司的研究团队发现，公司打字水平最高的人平均每分钟能打95行字。因此，公司给打字员设定了一个目标，就是一周内每一个打字员必须做到每分钟打98行字。

我们看这个目标，首先，符合明确性要求，有具体的时间——

1周，具体的标准——98行字。其次，符合可测量的要求，有计时器就搞定了。再次，符合可达成的标准，因为有人达到了这个标准。此外符合相关性的要求，因为打字员的工作就是打字。最后，符合期限的要求，规定了一周的期限。经过一周以后，打字员的平均打字速度达到了每分钟103行，有些人更是达到了每分钟112行。

## 自我训练

| 目标自检SMART清单 | |
|---|---|
| 需要完成的目标： | |
| 目标明确性分析 | |
| 目标可测量性分析 | |
| 目标完成的可能性分析 | |
| 目标与愿景的相关性 | |
| 目标的完成期限 | |

### WBS任务分解法：复杂任务简单化

通常，一个大的目标会有多个任务需要我们去完成，这时候，就需要我们学习分解目标的方法。WBS任务分解法就是一个能够帮助我们分解目标的科学方法。

**WBS任务分解法框架**

WBS任务分解有四个步骤：

目标—任务—工作—活动。

**WBS任务思考方向**

可以从两个方向思考：

一是自上而下分解。

先把一个目标分解成多个任务，然后把任务分解成更小的工作，再把更小的工作分解成一个个的具体活动。

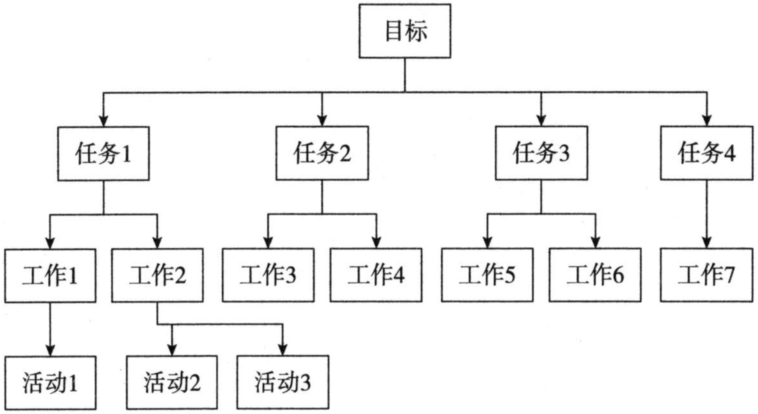


二是自下而上组合。

从具体的活动开始，把不同的工作按照一定的逻辑归类到上一个层次成为任务，再向上归类成为目标。

WBS任务分解法的价值，就是把目标简单化。把一个大的目标变成一个个可以完成的具体的工作任务。

我们以阅读一本书为例，看看如何设计WBS任务分解法流程。

我们的目标是阅读一本书，并整理笔记，记住书中的关键内容，将其应用到自己的学习和工作中。

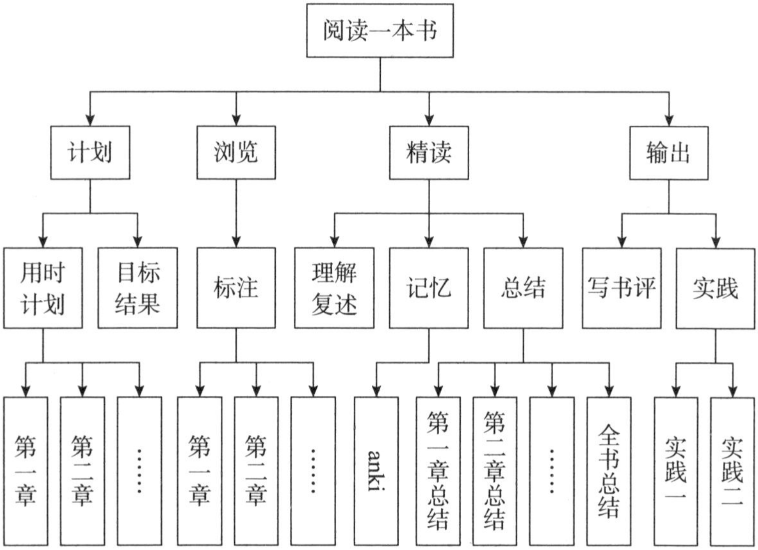

# 第三节　让目标变得更容易实现

把目标变简单，就可以提高目标实现的可能性。有两个方法可以让目标变得简单：

- 分解目标。
- 抓住核心。

## 为什么分解目标能让目标变简单

我们设立一个目标，通常都不可能直接实现，因为实现一个目标往往需要耗费很多时间和资源。所以，我们需要把目标分解成能够操作的具体任务。通过一步一步地完成不同的小任务，不断接近我们的目标，最后实现目标。

分解目标是把目标变成更小的单位，这样能够让我们要做的事情变得简单，因为我们不必直接完成目标，而只要完成分解后的任务，就能不断接近目标。

在本章第二节我们推荐了WBS任务分解法。我们可以采用

WBS任务分解法来分解目标。

**抓住核心，就是找到目标中的关键**

抓住核心，就是要找到实现目标过程中的最重要的问题。通常，搞定核心部分，就能够完成80%的任务。

怎样才能抓住核心呢？需要通过不断提问的方法。

丰田五问法是丰田公司前副社长大野耐一发明的一种解决问题的方法。通过提出五级问题，不断寻找问题的核心所在。我们可以把这种追问方法用于寻找目标的核心，把问题设计成以下形式：

- 我们完成了哪项最重要的任务，就能基本上完成我们设定的目标?
- 我们完成了哪项最重要的工作，就能够基本完成我们设定的任务?
- 我们完成了哪项最重要的活动，就能够基本完成我们设定的工作?

每一个问题，都可以进行五级追问。

比如，某公司产品销售不力，可通过丰田五问法进行如下分析：

| 丰田五问法 | | | |
|---|---|---|---|
| 序号 | 问题 | 原因 | 解决方案 |
| 1 | 为什么业绩不好 | 客户不愿意购买 | 低价促销 |
| 2 | 为什么客户不愿意购买 | 客户没有需求 | 增加产品的附加值 |
| 3 | 为什么客户没有需求 | 客户对产品的认知不足 | 增加广告投入 |
| 4 | 为什么客户对产品的认知不足 | 业务员与客户接触少 | 业务员每周拜访客户的次数增加3次 |
| 5 | 为什么业务员与客户接触少 | 业务员能力低，不够自信 | 对业务员进行培训考核，提高其沟通能力、对产品的认知水平及自信心 |

## 自我训练

你可以通过向自己提出5个问题来不断挖掘问题的根源，这就需要用到丰田五问法。

| 丰田五问法 | | | |
|---|---|---|---|
| 序号 | 问题 | 原因 | 解决方案 |
| 1 | | | |
| 2 | | | |
| 3 | | | |
| 4 | | | |
| 5 | | | |

# 本章小结

这一章我们讨论了目标与精力的匹配问题。

首先，要发现我们精力的分配现状。我们使用三个表格来统计精力分配问题：通过每日工作精力状况统计表（进阶版）、业余时间精力分配表（进阶版）评估精力的分配情况，通过周精力测试记录表测试每天精力的高峰和低谷。

使用这三个表格，我们可以找出自己的精力使用特征。把最好的精力分配给最重要的事情。

其次，我们推荐了明确目标的方法。只有知道了什么事情最重要，我们的精力才能有的放矢。

最后，我们讨论了如何把目标变得简单，让目标容易实现。

第四章

# 习惯养成——如何创造充沛的精力

人的精力有限。怎样才能把有限的精力用到最重要的事情上?有一个好方法，就是培养习惯。一旦我们在一件事情上养成了习惯，那么我们用于这件事情上的精力就能大大减少。因为习惯的事情可以自动完成，几乎不需要精力。我们的好习惯越多，精力节省得就越多。相反，如果我们的坏习惯越多，我们的精力浪费得也会越多。在这一章，我们将探讨用什么方法培养习惯会更有效，并练习如何找到好的习惯，如何养成好的习惯，如何改正不好的习惯。

## 第一节　发现好习惯与坏习惯

小王子所访问的下一个星球上住着一个酒鬼。访问时间非常短，可是它却使小王子非常忧伤。

“你在干什么？”小王子问酒鬼，这个酒鬼默默地坐在那里，面前有一堆酒瓶子，有的装着酒，有的是空的。

“我喝酒。”他阴沉忧郁地回答道。

“你为什么喝酒？”小王子问道。

“为了忘却。”酒鬼回答。

小王子已经有些可怜酒鬼。他问道：“忘却什么呢？”

酒鬼垂下脑袋坦白道：“为了忘却我的羞愧。”

“你羞愧什么呢？”小王子很想救助他。

“我羞愧我喝酒。”酒鬼说完以后就再也不开口了。

小王子迷惑不解地离开了。在旅途中，他自言自语地说道：“这些大人确实真叫怪。”

——法国作家埃克苏佩里的作品《小王子》

从上面这段话中你看出了什么问题？酒鬼为了忘记羞愧之事所以喝酒，然而令他羞愧之事正是喝酒。听起来很绕，但实际上生活中很多坏习惯都是由于恶性循环造成的，最终积习难改。

及时发现好习惯与坏习惯非常重要，要培养好习惯，改掉坏习惯。我们需要找到起点，起点就是我们现在有哪些习惯，在这些习惯里面，哪些是好的，哪些是不好的，哪些需要坚持，哪些需要改正。

我们可以通过两个表格来发现当前的习惯，这两个表格是我们在第二章第六节练习过的，分别是需要改掉的习惯记录表与需要养成的习惯记录表。

接下来，我们结合案例具体分析：

| 需要改掉的习惯记录表 | |
|---|---|
| 习惯名称 | 是否影响你的学习和工作 |
| 抽烟 | 是 |
| 喝酒 | 是 |
| 晚睡 | 是 |
| 工作没有计划 | 不知道 |
| 不吃早餐 | 不知道 |
| 工作时经常看手机 | 不知道 |
| 晚上吃很多东西 | 不知道 |
| 睡觉前刷手机 | 是 |
| 工作前先做无关的事 | 是 |

续表

| 需要改掉的习惯记录表 | |
| --- | --- |
| 习惯名称 | 是否影响你的学习和工作 |
| 拖延 | 是 |
| 沉迷于游戏 | 是 |
| 经常睡眠不足 | 是 |
| 晚起 | 是 |

| 需要养成的习惯记录表 | |
| --- | --- |
| 习惯名称 | 需要养成的原因 |
| 专注 | 提高学习和工作效率 |
| 吃早餐 | 保持身体健康，提高精力水平 |
| 冥想 | 提高专注力、减压能力和自我觉察能力 |
| 晨间日记 | 了解自己，规划自己的生活，提高思维的条理性 |
| 可视化 | 提高解决问题的能力，预先找到可能的问题 |
| 运动 | 保持身体健康，提高精力水平 |
| 深呼吸 | 提高专注力，解压 |
| 阅读 | 坚持终身学习 |
| 放松 | 提高精力的恢复能力 |
| 吃水果 | 保持身体健康，提高精力水平 |
| 吃蔬菜 | 保持身体健康，提高精力水平 |
| 补水 | 保持身体健康，提高精力水平 |
| 早起 | 尽快进入状态 |
| 规划一天 | 提高学习、工作效率 |

续表

| 需要养成的习惯记录表 | |
|---|---|
| 习惯名称 | 需要养成的原因 |
| 回顾一天 | 有利于促进个人不断进步 |
| 一次一事 | 提高专注度，提高深度学习的能力 |
| 跟踪目标 | 提高完成目标的能力 |

当我们分别把好习惯、坏习惯都列出来之后，就会发现需要坚持与改进的地方太多了。这时，很多人会感到焦虑，最后变得灰心丧气。所以，从上述列表中筛选出最重要、最核心的习惯，就变得非常重要。那么，我们需要做的第一件事情就是排序。

从众多的坏习惯中，找到你最想改掉的；从众多的好习惯中，找出你最想养成的。

在寻找的过程中，常常会遇到的问题是：不知道什么重要，不知道什么更重要，不知道什么最重要。如果你遇到这样的情况，需要保持一颗平常心，不要急躁，不要一下子就把事情想得那么完美，我们可以在行动中逐步提高分辨事物重要性的能力。可以先把你觉得重要的习惯放到第一位，在练习的过程中再调整、更改。重要的是接受自己的不完美，保持成长型的思维模式，相信自己会逐步提高分辨重要性的能力。

如果你觉得每天的时间浪费很严重，你可以从记录时间开始；如果你觉得每天工作总是做不完，你可以从众多的工作中找到最有影响力的、领导最关注的、产生的效益最高的去完成。

记录你认为自己存在的坏习惯和想要养成的好习惯，分别挑选出一个到两个习惯入手。

## 自我训练

填写下面的表格，找到自己需要改掉的坏习惯和需要培养的好习惯。

| 需要改掉的习惯记录表 | |
|---|---|
| 习惯名称 | 是否影响你的学习和工作 |
| | |
| | |
| | |
| | |
| | |
| | |
| | |
| | |
| | |
| | |
| | |
| | |
| | |

续表

| 需要改掉的习惯记录表 | |
| --- | --- |
| 习惯名称 | 是否影响你的学习和工作 |
| | |
| | |
| | |
| | |
| | |
| | |

| 需要养成的习惯记录表 | |
| --- | --- |
| 习惯名称 | 需要养成的原因 |
| | |
| | |
| | |
| | |
| | |
| | |
| | |
| | |
| | |
| | |
| | |
| | |
| | |

续表

| 需要养成的习惯记录表 | |
| --- | --- |
| 习惯名称 | 需要养成的原因 |
| | |
| | |
| | |
| | |
| | |
| | |

## 第二节　福格习惯模型

**福格教授的习惯养成的三要素**①

如何养成一个好习惯呢？斯坦福大学的行为研究主任B.J.福格教授研究了一个养成任何习惯的模型。他认为养成习惯需要三个要素，而且这三个要素必须同时存在，即动机、能力、触发。

**动机**

动机就是你想要做某一件事情的愿望的强度。愿望的强度越强，就越容易达成。

直接动机表现为痛苦和快乐。我们喜欢做让我们快乐的事情。反之，当一件事情让我们痛苦时，就会减弱我们的动机。

间接动机表现为恐惧和希望。如果一件事情会激发我们的希

---

① B.J. Fogg，*Tiny Habits: The Small Changes That Change everything*，Houghton Mifflin Harcourt，2020.

望，就会增强我们的动机。

社会关系。表现为社会认同或社会拒绝。当我们被一个群体接受的时候，我们更愿意去做某件事情。

**能力**

能力就是做你想要做的某件事情需要具备的条件。比如，你想要买一样东西，你就要有足够的钱。这时，能力就体现为钱。

能力通常体现为成本，而成本体现为金钱、时间、体力、脑力等。另外，成本还体现为社会压力及习惯。如果做一件事情需要承担很大的社会压力，那么就意味着做这件事情需要高成本；如果做一件事情需要改变习惯，那么就意味着做这件事情也需要高成本。

**触发**

触发就是你想要做某一件事情之前，需要的情绪触发，或者行为触发。比如，你看到冰箱，就想吃东西。冰箱触发了你吃东西的想法，因此冰箱就是触发器。

触发因素表现为三种类型。

一是刺激触发。当做事的动机不足时，使用这种触发可以让人产生动机。这种触发一般是图像、视频、文字等。比如，名牌效应就是一种刺激触发。

二是辅助触发。当你有足够的动机去做一件事，但是不知道怎么去做时，你需要的是辅助触发。比如，客服电话就具有辅助触发的功能。

三是信号触发。当我们有意愿去做一件事，而且也有能力去做时，我们只需要一个合适的时机，接收到一个信号来促成行为。

可以用下面这条曲线来说明福格教授的这个习惯模型：

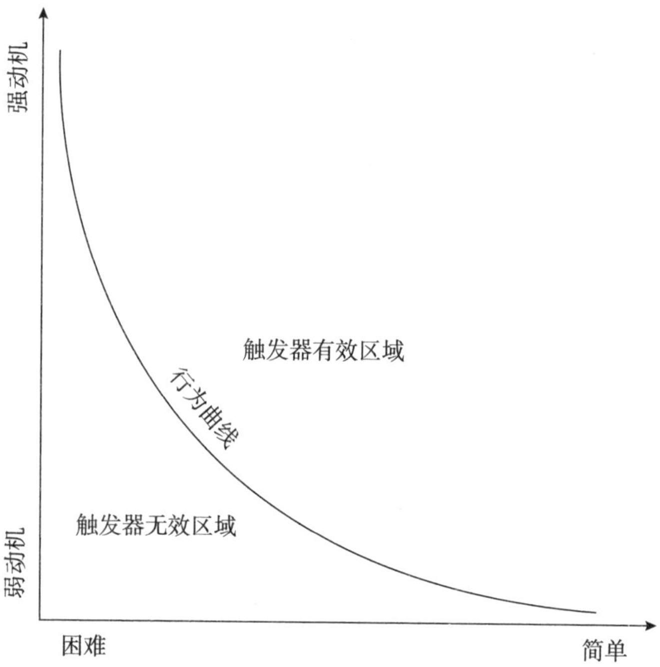


## 三要素的关系

你做事的动机越强，习惯就越容易养成。而且，动机越强，需要的能力就越强。

人们愿意做一件事情，通常更多考虑的是成本。所以，降低成本要比提高动机更有效。比如，你想开始健身，如果要考虑去买一套健身器材，再参加一个健身俱乐部，则成本太高。所以，不如先每天完成一个俯卧撑或者一个仰卧起坐。从低成本的运动开始，从容易的开始。

## 习惯培养案例——培养吃早餐的习惯

我们都知道早餐的重要性，但是很多人仍然没有养成吃早餐的习惯。我们从动机、能力和触发这三个角度分析如何能够让一个人坚持吃早餐。

**动机**

怎样才能增强一个人吃早餐的动机？

- 阅读健康饮食方面的书籍，提高对早餐重要性的认识。
- 学习一些做早餐的方法，提高早餐的趣味性，增强吃早餐的动机。
- 每天晒早餐，增强吃早餐的动机。
- 晚上早点吃饭，增加第二天早上的饥饿程度，增强吃早餐的动机。
- 为自己喜欢的人做早餐，能够增强自己吃早餐的动机。
- 布置一个舒适的吃早餐的环境。

**能力**

怎样降低吃早餐需要的能力？

- 提前准备。可以在前一天晚上准备好第二天做早餐的材料。

● 学习几道早餐的做法并熟练掌握。

● 购买做早餐的工具，让做早餐变得容易。比如，购买一个智能电压力锅，可以在前一天晚上预约定时，第二天早晨汤或粥就自动做好了。

触发

设置早晨闹铃提醒自己吃早餐。

## 自我训练

根据前面的例子，通过提高动机、降低能力和设置触发器，设计自己的习惯培养动作。

| 福格习惯培养设计 | |
|---|---|
| 提高动机 | |
| 降低能力 | |
| 设置触发器 | |

## 第三节　养成习惯的7种武器

加州大学洛杉矶分校的行为研究中心主任肖恩·杨研究了一套习惯养成的方法，可以让人们找到并养成他们想要的习惯[①]。

### 阶梯模型

阶梯模型就是把你的目标进行分解，循序渐进地实现。比如，你要培养写作的习惯，就可以把这个习惯的养成分成4个阶梯。

第一个阶梯：每天能写100个字。

第二个阶梯：每天能写500个字。

第三个阶梯：每周能写一篇文章。

第四个阶梯：每月能发表一篇文章。

肖恩·杨把他的阶梯模型按照所需的时间，设计成了以下4

① ［美］肖恩·杨著:《如何想到又做到：带来持久改变的7种武器》，闾佳译，浙江教育出版社2018年版。

个阶梯。

第一阶梯：1周以内能完成的目标，包括1天内能完成的。

第二阶梯：1周到1个月能完成的目标。

第三阶梯：1个月到3个月能完成的目标。

第四阶梯：3个月以上能完成的目标。

阶梯模型最重要的是第一步。设计好你的第一个阶梯，让第一步变得容易，才能有后面的其他阶梯。如果把第一个阶梯设计得很难，就无法往下进行。

**极度容易原则**

极度容易原则与福格的习惯模型中的能力要素类似，就是让要培养的习惯变得特别容易。比如，培养锻炼的习惯，从做一个俯卧撑开始；培养读书的习惯，可以从每天读1页书开始；培养写作的习惯，从每天写50个字开始；等等。

培养习惯时，人们特别容易陷入一开始就把事情变得很难的误区。比如，有人培养锻炼的习惯，一开始就要求自己每天跑5公里，没跑几天就坚持不下来了。所以，运用极度容易原则，要避免急功近利。

**行动在先原则**

我们做一件事，喜欢先找理由，即我为什么要做这件事。在通常的情况下，这种思维模式没有问题。但是很多时候，无论我们如何苦思冥想，也不如简单的行动更能让我们发生改变。比如戒烟，与其不断寻找各种戒烟的理由，不如直接就不抽烟。比如锻炼，与其不断想着锻炼的意义，不如直接就去跑两圈。比如早起，与其每天想着早起的意义，不如直接给自己定一个闹钟。先行动，然后我们的意识就会跟随。肖恩·杨把这种模式叫作“神经记忆”。比如练习游泳，无论你在大脑中怎样想着游泳的动作，都不如直接去水里练习更有效。所以，当我们想要养成一个习惯时，一定要先迈出第一步。可以结合前面的“阶梯模型”和“极度容易原则”，从一小步开始。

**要事优先原则**

一件事情越是重要，我们就越有意愿去做。但是在工作和生活中，我们会遇到很多事情，看上去暂时没那么重要，但从长远看就能发现其重要性。比如，学习英语，上大学时，我们通常不太能够发现其重要性。要想提高学习英语的意愿，就需要提高英语学习的重要性。如果你要考托福，或者你大学毕业以后想要去全球500强企业工作，那么学习英语的重要性就会凸显出来。这远比你要通过大学的英语期末考试来得重要。

我们很难为未来的奖励做出改变。如果把未来的事变成现在就看得见的事，我们的认识就会不同。比如，美国的美林银行在网上推出了一个程序，如果把你现在的照片放上去，你就能看到自己几十年以后的样子。通过这个方法，很多人看到了自己“老年的照片”，就往自己的账户存了更多的钱。这就是看得到的重要性。

**社交磁力原则**

如果有一群跟你有同样需求的人和你在一个社群，对于你习惯的培养会有很大的帮助。所以，如果你想要培养一个新习惯，不妨想办法去找一个相关的社群并加入其中。

**极度诱惑原则**

如果想养成一个习惯，就要让这个习惯对你有吸引力。想要让一个习惯吸引你，就要能够因为养成这个习惯获得奖励。

奖励不限于经济奖励，还有社会奖励。社会奖励包括被他人认可、在一个群体中有归属感等。

奖励包括掌控感。比如，能够自如地控制自己的情绪，能够感到平静安宁。

奖励也包括自由感、独立感。通过某种习惯，你感觉更加独立，更有自我人格。

奖励还包括变得更健康。通过建立某种习惯，能让自己更健康。

**反复铭刻原则**

可以用重复去做的方式，培养一个习惯。

反复铭刻的原理不难理解，我们唯一需要做的是行动。而行动的关键，就是要让习惯变得容易。

以上的技巧和方法，可以帮助你提高习惯养成的能力。

| 肖恩·杨习惯养成7原则 | | |
|---|---|---|
| 序号 | 原则 | 说明 |
| 1 | 阶梯模型 | 分解目标，从易到难 |
| 2 | 极度容易原则 | 从容易开始 |
| 3 | 行动在先原则 | 先行动，启动神经记忆 |
| 4 | 要事优先原则 | 让习惯变得重要 |
| 5 | 社交磁力原则 | 找到一个社群 |
| 6 | 极度诱惑原则 | 让你保持被吸引的奖励 |
| 7 | 反复铭刻原则 | 把行为变成记忆 |

## 第四节　培养习惯的3个黄金步骤

在学习培养习惯的3个黄金步骤之前，我们需要先了解一下习惯养成的内在逻辑。美国心理学家桑代克做过一个很有名的实验，被称为“饿猫迷笼实验”。

桑代克将一只饥饿的小猫放入一个笼子里，这个笼子是改装过的，小猫只要通过一些简单的动作就可以打开笼门，从而拿到放在笼外不远处的食物。

最初，小猫试图直接抓取笼外的食物，但没有成功。接着，小猫表现得十分焦虑，想要逃脱迷笼。小猫在乱抓乱跳的过程中偶然触到了机关，打开了迷笼并取到了食物。

第二次，小猫逃脱迷笼所用的时间变短了。经过多次重复之后，小猫可以很轻松地触碰迷笼的开关，从而打开迷笼取到食物。

之后，桑代克选择了不同的猫进行实验，得到了相同的结果。因此，桑代克认为：“导致结果满意的行为往往会得以重复，而产生不愉快结果的行为得以重复的概率较低。”

这就是习惯养成的内在逻辑。人们在生活中不断尝试，对于那些能够给自己带来快感的行为，我们会坚持反复去做，因此逐渐形成了习惯。

美国著名习惯研究专家，习惯学院创始人詹姆斯·克利尔对这一现象进行了总结，他认为所有习惯的形成都会经历相同顺序的4个阶段：提示、渴求、反应和回报。

第一个阶段——提示。这一阶段是预测未来可能得到的回报，从而触发大脑启动某种行为举止。

第二个阶段——渴求。这也是每一个习惯背后的动力，只有产生对某件事的强烈渴望，才会激发行动。

第三个阶段——反应。也可以称为回应，首先是思想上给予回应，之后是行动上给予回应。

第四个阶段——回报。这也是最终的结果——奖励，至此完成了形成习惯的整个流程。个人欲望被满足，获得了快乐，从而形成习惯，不断循环下去。

了解了习惯的内在逻辑之后，我们再来看培养习惯的3个黄金步骤。

**步骤一：给习惯排序**

从需要改掉的习惯记录表和需要养成的习惯记录表中，选择1—2个习惯，作为你需要改变或养成的习惯。

**步骤二：设计习惯动作**

参考上节内容，选择其中的一种或几种武器，作为培养习惯的工具。

| 习惯动作设计（选择） | | |
|---|---|---|
| 坏习惯改正 | | |
| 习惯名称 | 为什么要改掉这个习惯 | 行动方法步骤 |
| | | |
| | | |
| | | |
| 好习惯养成 | | |
| 习惯名称 | 为什么要养成这个习惯 | 行动方法步骤 |
| | | |
| | | |
| | | |

**步骤三：培养习惯**

用21天习惯养成记录表监控习惯养成过程。

| 21天习惯养成记录表 | | | | |
|---|---|---|---|---|
| 习惯名称： | | | | |
| 时间 | 行动 | 是否完成 | 问题点 | 解决对策 |
| 第1天 | | | | |
| 第2天 | | | | |
| 第3天 | | | | |

续表

| 21天习惯养成记录表 | | | | |
|---|---|---|---|---|
| 习惯名称： | | | | |
| 时间 | 行动 | 是否完成 | 问题点 | 解决对策 |
| 第4天 | | | | |
| 第5天 | | | | |
| 第6天 | | | | |
| 第7天 | | | | |
| 第8天 | | | | |
| 第9天 | | | | |
| 第10天 | | | | |
| 第11天 | | | | |
| 第12天 | | | | |
| 第13天 | | | | |
| 第14天 | | | | |
| 第15天 | | | | |
| 第16天 | | | | |
| 第17天 | | | | |
| 第18天 | | | | |
| 第19天 | | | | |
| 第20天 | | | | |
| 第21天 | | | | |
| 总结 | 培养这个习惯遇到最大的问题是什么? | | | |
| | 如何解决? | | | |

# 第五节 培养习惯案例及实践

根据习惯培养的3个步骤，我们结合实际案例具体分析。

### 案例1：培养每天早晨跑步的习惯

第一步：挑选习惯

按照培养习惯的3个步骤，我们首先从想要培养的习惯中挑出运动习惯：每天早晨跑步。

第二步：设计习惯动作

下面为培养每天早晨跑步的习惯设计可以使用的方法。

| 每天早晨跑步的习惯动作设计（选择） | | |
|---|---|---|
| 好习惯养成 | | |
| 习惯名称 | 为什么要养成这个习惯 | 行动方法步骤 |
| 每天早晨跑步 | 改善精力状态，保持健康 | 阶梯模型、极度容易原则、社交磁力原则、行动在先原则、反复铭刻原则 |

阶梯模型设计：84天早晨跑步习惯培养。把跑步习惯设计成4个阶梯，每个阶梯21天。

第一阶梯：每天跑步5分钟，坚持21天。

第二阶梯：每天跑步10分钟，坚持21天。

第三阶梯：每天跑步20分钟，坚持21天。

第四阶梯：每天跑步30分钟，坚持21天。

极度容易设计：跑步的难度从每天跑5分钟开始。如果觉得有难度，可以降低到每天跑3分钟。

在床边放上一双跑鞋，每天早晨一起床就看到跑鞋。

社交磁力设计：加入一个跑步社群，如微信社群，或者跑步App的社群，如Keep。

行动在先设计：因为极度容易，只是从5分钟开始，所以可以直接行动，不用纠结运动的意义、效果，也不用纠结是否浪费时间。重要的是养成每天跑步的自动动作。

反复铭刻动作设计：我们设计从简单的跑5分钟开始，而且每天都跑，把跑步变成肌肉记忆。因为难度很低（每天5分钟），所以可以实现反复铭刻的效果。如果某一天没有坚持也没有关系，不要连续两天停下来就可以。

**第三步：用21天习惯养成记录表监控跑步**

| 21天习惯养成记录表 | | | | |
|---|---|---|---|---|
| 习惯名称：每天早晨跑步 | | | | |
| 时间 | 行动 | 是否完成 | 问题点 | 解决对策 |
| 第1天 | 跑步5分钟 | 是 | | |
| 第2天 | 跑步5分钟 | 是 | | |
| 第3天 | 跑步5分钟 | 是 | | |
| 第4天 | 跑步5分钟 | 是 | | |
| 第5天 | 跑步5分钟 | 否 | 睡过头了 | 闹铃 |
| 第6天 | 跑步5分钟 | 是 | | |
| 第7天 | 跑步5分钟 | 是 | | |
| 第8天 | 跑步5分钟 | 否 | 心情不好 | 计划培养冥想习惯 |
| 第9天 | 跑步5分钟 | 是 | | |
| 第10天 | 跑步5分钟 | 是 | | |
| 第11天 | 跑步5分钟 | 否 | 下雨 | 购买跑步机 |
| 第12天 | 跑步5分钟 | 是 | | |
| 第13天 | 跑步5分钟 | 是 | | |
| 第14天 | 跑步5分钟 | 否 | 心情不好 | 培养新的减压习惯 |
| 第15天 | 跑步5分钟 | 是 | | |
| 第16天 | 跑步5分钟 | 否 | 昨天喝酒了 | 接受现状，明天继续 |
| 第17天 | 跑步5分钟 | 是 | | |
| 第18天 | 跑步5分钟 | 是 | | |
| 第19天 | 跑步5分钟 | 否 | 心情不好 | 培养新的减压习惯 |
| 第20天 | 跑步5分钟 | 是 | | |

续表

| 21天习惯养成记录表 | | | | |
|---|---|---|---|---|
| 习惯名称：每天早晨跑步 | | | | |
| 时间 | 行动 | 是否完成 | 问题点 | 解决对策 |
| 第21天 | 跑步5分钟 | 是 | | |
| 总结 | 培养习惯遇到最大的问题是什么？ | 心情问题 | | |
| | 如何解决？ | 计划培养冥想减压习惯 | | |

## 自我训练

请根据上面的案例和表格，培养你的新习惯，自行填写下表。

| 21天习惯养成记录表 | | | | |
|---|---|---|---|---|
| 习惯名称： | | | | |
| 时间 | 行动 | 是否完成 | 问题点 | 解决对策 |
| 第1天 | | | | |
| 第2天 | | | | |
| 第3天 | | | | |
| 第4天 | | | | |
| 第5天 | | | | |
| 第6天 | | | | |
| 第7天 | | | | |

续表

| 21天习惯养成记录表 | | | | |
|---|---|---|---|---|
| 习惯名称： | | | | |
| 时间 | 行动 | 是否完成 | 问题点 | 解决对策 |
| 第8天 | | | | |
| 第9天 | | | | |
| 第10天 | | | | |
| 第11天 | | | | |
| 第12天 | | | | |
| 第13天 | | | | |
| 第14天 | | | | |
| 第15天 | | | | |
| 第16天 | | | | |
| 第17天 | | | | |
| 第18天 | | | | |
| 第19天 | | | | |
| 第20天 | | | | |
| 第21天 | | | | |
| 总结 | 培养这个习惯遇到最大的问题是什么？ | | | |
| | 如何解决？ | | | |

**案例2：培养早起习惯**

第一步：选择习惯

我们选择早起的习惯。

## 第二步：设计习惯动作

| 早起习惯动作设计（选择） | | |
|---|---|---|
| 好习惯养成 | | |
| 习惯名称 | 为什么要养成这个习惯 | 行动方法步骤 |
| 每天早起（7:00起床） | 充分利用早晨时间，早一点开始一天的好状态 | 阶梯模型、极度容易原则、社交磁力原则、行动在先原则、反复铭刻原则 |

早起的习惯必须结合早睡，否则不能保证睡眠时间。

阶梯模型设计：原来睡觉时间是晚上24点，需要提前到23点。原来的起床时间是早上8点，需要提前到7点。也就是说，需要提前1小时睡觉和起床。

| 早起习惯阶梯模型设计 | | | | |
|---|---|---|---|---|
| 阶梯 | 起床时间 | 睡觉时间 | 练习时长 | 方法 |
| 第一阶梯 | 7:45 | 23:45 | 3周 | 手机闹铃 |
| 第二阶梯 | 7:30 | 23:30 | 3周 | 手机闹铃 |
| 第三阶梯 | 7:15 | 23:15 | 3周 | 手机闹铃 |
| 第四阶梯 | 7:00 | 23:00 | 3周 | 手机闹铃 |

极度容易设计：第一阶段的早起早睡，我们设计为与以前的习惯相比，提前15分钟，降低了早起早睡的难度。在实际的习惯培养过程中如果感觉有难度，还可以调整早起早睡的时间。

我们把整个习惯培养分成4个阶梯，也是降低了每一个阶梯的难度。

社交磁力设计：加入早起打卡微信社群。

行动在先设计：无理由早起，每天提前15分钟。先行动。

反复铭刻设计：每天重复同一个早起动作，不找任何理由间断。

**第三步：用21天习惯养成记录表监控行动**

| 21天习惯养成记录 | | | | |
|---|---|---|---|---|
| 习惯名称：早起（每天7:00起床） | | | | |
| 时间 | 行动 | 是否完成 | 问题点 | 解决对策 |
| 第1天 | 7:45起床，23:45睡觉 | 否 | 看剧，忘记时间 | 设置闹铃，提醒入睡，早起 |
| 第2天 | 7:45起床，23:45睡觉 | 否 | 睡不着 | 睡前冥想练习 |
| 第3天 | 7:45起床，23:45睡觉 | 否 | 有朋友聊天 | 关手机 |
| 第4天 | 7:45起床，23:45睡觉 | 否 | 忘记设置闹铃 | 设置每日自动闹铃 |
| 第5天 | 7:45起床，23:45睡觉 | 是 | | |
| 第6天 | 7:45起床，23:45睡觉 | 是 | | |
| 第7天 | 7:45起床，23:45睡觉 | 是 | | |
| 第8天 | 7:45起床，23:45睡觉 | 否 | 加班，有工作 | 接受当前状况，明天继续 |
| 第9天 | 7:45起床，23:45睡觉 | 否 | 第二天有出差任务，晚上睡不着 | 睡前冥想练习 |

续表

| 21天习惯养成记录 | | | | |
|---|---|---|---|---|
| 习惯名称：早起（每天7:00起床） | | | | |
| 时间 | 行动 | 是否完成 | 问题点 | 解决对策 |
| 第10天 | 7:45起床，23:45睡觉 | 是 | | |
| 第11天 | 7:45起床，23:45睡觉 | 是 | | |
| 第12天 | 7:45起床，23:45睡觉 | 是 | | |
| 第13天 | 7:45起床，23:45睡觉 | 是 | | |
| 第14天 | 7:45起床，23:45睡觉 | 否 | 晚上工作喝咖啡，睡不着 | 晚上不喝咖啡 |
| 第15天 | 7:45起床，23:45睡觉 | 是 | | |
| 第16天 | 7:45起床，23:45睡觉 | 是 | | |
| 第17天 | 7:45起床，23:45睡觉 | 是 | | |
| 第18天 | 7:45起床，23:45睡觉 | 是 | | |
| 第19天 | 7:45起床，23:45睡觉 | 是 | | |
| 第20天 | 7:45起床，23:45睡觉 | 否 | 加班，有工作 | 明天按时睡 |
| 第21天 | 7:45起床，23:45睡觉 | 是 | | |

续表

| 21天习惯养成记录 | | | | |
|---|---|---|---|---|
| 习惯名称：早起（每天7:00起床） | | | | |
| 时间 | 行动 | 是否完成 | 问题点 | 解决对策 |
| 总结 | 培养习惯遇到最大的问题是什么? | | 晚上睡不着、加班 | |
| | 如何解决? | | 希望通过冥想练习，提高入睡的能力。工作上，考虑是否找一个更合适的工作 | |

培养早起的习惯，遇到了比想象中更多的问题。重在心态。有时候，晚睡和晚起不可避免，接受这些特例，坚持培养早睡的习惯。

## 自我训练

根据上面的案例，考虑培养自己的早起习惯，或者其他类似的习惯。

| 21天习惯养成记录表 | | | | |
|---|---|---|---|---|
| 习惯名称： | | | | |
| 时间 | 行动 | 是否完成 | 问题点 | 解决对策 |
| 第1天 | | | | |
| 第2天 | | | | |
| 第3天 | | | | |

续表

| 21天习惯养成记录表 | | | | |
|---|---|---|---|---|
| 习惯名称： | | | | |
| 时间 | 行动 | 是否完成 | 问题点 | 解决对策 |
| 第4天 | | | | |
| 第5天 | | | | |
| 第6天 | | | | |
| 第7天 | | | | |
| 第8天 | | | | |
| 第9天 | | | | |
| 第10天 | | | | |
| 第11天 | | | | |
| 第12天 | | | | |
| 第13天 | | | | |
| 第14天 | | | | |
| 第15天 | | | | |
| 第16天 | | | | |
| 第17天 | | | | |
| 第18天 | | | | |
| 第19天 | | | | |
| 第20天 | | | | |
| 第21天 | | | | |
| 总结 | 培养这个习惯遇到最大的问题是什么？ | | | |
| | 如何解决？ | | | |

案例3：培养读书习惯

第一步：选择习惯

自从参加工作以来，就很少读书，希望通过读书继续提高自己的职场竞争力。

第二步：设计习惯动作

| 读书习惯动作设计（选择） | | |
|---|---|---|
| 好习惯养成 | | |
| 习惯名称 | 为什么要养成这个习惯 | 行动方法步骤 |
| 读书 | 持续提高职场竞争力 | 阶梯模型、极度容易原则、社交磁力原则、极度诱惑原则 |

阶梯模型设计：

| 读书习惯阶梯模型设计 | | |
|---|---|---|
| 阶梯 | 每天阅读数量 | 练习时长 |
| 第一阶梯 | 1页内容 | 1周 |
| 第二阶梯 | 3页内容 | 1周 |
| 第三阶梯 | 6页内容 | 1周 |
| 第四阶梯 | 1个章节 | 3周 |

极度容易设计：减少阅读量。每天阅读1页书应该够少了，最重要的是每天坚持，把这个动作变成肌肉记忆。

阅读合适的书。培养阅读习惯，不能一开始就找一本理解起来很难的书，要选择难度适当的书。难度适当是指能够读懂，而且又有一定的难度。

社交磁力设计：加入一个读书的社群，跟喜欢读书的人一起读书。

极度诱惑设计：阅读能够提升工作能力的书，阅读对增加收入有帮助的书，增加读书的兴趣。

**第三步：用21天习惯养成记录表监控**

| 21天习惯养成记录表 | | | | |
|---|---|---|---|---|
| 习惯名称：读书 | | | | |
| 时间 | 行动 | 是否完成 | 问题点 | 解决对策 |
| 第1天 | 读1页书 | 是 | | |
| 第2天 | 读1页书 | 是 | | |
| 第3天 | 读1页书 | 否 | 忘记了 | 设置每天早晨提醒读书闹铃 |
| 第4天 | 读1页书 | 是 | | |
| 第5天 | 读1页书 | 否 | 提醒的时候有事没读，事后忘了 | 调整提醒时间 |
| 第6天 | 读1页书 | 是 | | |
| 第7天 | 读1页书 | 是 | | |
| 第8天 | 读3页书 | 是 | | |
| 第9天 | 读3页书 | 是 | | |
| 第10天 | 读3页书 | 否 | 中途被打断 | 重新设置一个提醒 |

续表

| 21天习惯养成记录表 | | | | |
|---|---|---|---|---|
| 习惯名称：读书 | | | | |
| 时间 | 行动 | 是否完成 | 问题点 | 解决对策 |
| 第11天 | 读3页书 | 否 | 没有可读的书 | 提前准备书 |
| 第12天 | 读3页书 | 是 | | |
| 第13天 | 读3页书 | 是 | | |
| 第14天 | 读3页书 | 是 | | |
| 第15天 | 读6页书 | 是 | | |
| 第16天 | 读6页书 | 否 | 中途被打断，去做别的事 | 调整读书时间 |
| 第17天 | 读6页书 | 否 | 中途被打断 | 找一个不容易被打断的时间读书 |
| 第18天 | 读6页书 | 否 | 心情不好，不想读书 | 接受自己的状态，明天继续读 |
| 第19天 | 读6页书 | 是 | | |
| 第20天 | 读6页书 | 否 | 中途被打断，去做别的事 | 调整读书时间 |
| 第21天 | 读6页书 | 是 | | |
| 总结 | 培养习惯遇到最大的问题是什么? | | 读书中途被打断 | |
| | 如何解决? | | 考虑找一个不容易被打断的时间段读书 | |

## 自我训练

请根据案例介绍的方法，按实际情况填写下表。

| 21天习惯养成记录表 | | | | |
|---|---|---|---|---|
| 习惯名称： | | | | |
| 时间 | 行动 | 是否完成 | 问题点 | 解决对策 |
| 第1天 | | | | |
| 第2天 | | | | |
| 第3天 | | | | |
| 第4天 | | | | |
| 第5天 | | | | |
| 第6天 | | | | |
| 第7天 | | | | |
| 第8天 | | | | |
| 第9天 | | | | |
| 第10天 | | | | |
| 第11天 | | | | |
| 第12天 | | | | |
| 第13天 | | | | |
| 第14天 | | | | |
| 第15天 | | | | |
| 第16天 | | | | |
| 第17天 | | | | |

续表

| 21天习惯养成记录表 | | | | |
|---|---|---|---|---|
| 习惯名称： | | | | |
| 时间 | 行动 | 是否完成 | 问题点 | 解决对策 |
| 第18天 | | | | |
| 第19天 | | | | |
| 第20天 | | | | |
| 第21天 | | | | |
| 总结 | 培养这个习惯遇到最大的问题是什么? | | | |
| | 如何解决? | | | |

**本章附录1：坏习惯一览表**

在工作和生活中，我们会不自觉地养成一些坏习惯。我们在此为读者列出一些常见的坏习惯，并提供一些改变的思路，供读者参考。

| 坏习惯一览表 | | | | |
|---|---|---|---|---|
| 序号 | 习惯 | 类型 | 危害 | 对策及好习惯培养 |
| 1 | 工作没有计划 | 工作 | 没有计划，容易浪费时间，对工作缺乏掌控能力 | 培养每日规划的习惯 |
| 2 | 不设置截止时间 | 工作 | 如果工作没有设置截止时间，特别容易导致拖延，工作低效 | 培养设置截止时间的习惯 |

续表

| 坏习惯一览表 | | | | |
|---|---|---|---|---|
| 序号 | 习惯 | 类型 | 危害 | 对策及好习惯培养 |
| 3 | 工作时聊天 | 工作 | 浪费时间，降低工作效率，工作时间碎片化 | 培养工作时关闭手机的习惯、工作和私人用手机分开的习惯 |
| 4 | 工作容易被干扰 | 工作 | 工作经常被打断，导致时间碎片化，效率降低，干扰的因素来自自己或者环境 | 培养排除干扰的习惯，如将手机设成静音、找一个合适的环境 |
| 5 | 工作不分轻重缓急 | 工作 | 在工作的时候，不会按照时间、重要性等划分类别，导致工作效率低下，如果不知道什么重要，容易把大量的精力投入不重要的事情中，导致精力使用的低效和浪费 | 培养填写工作清单的习惯 |
| 6 | 工作时玩手机 | 工作 | 这可能是最影响工作效率的习惯，因为手机里面大量的吸引人的内容会让人流连忘返 | 培养工作时关手机，或者把工作用手机和私人用手机分开的习惯 |
| 7 | 开始工作前先做与工作无关的事 | 工作 | 浪费时间，工作低效 | 培养直奔主题的习惯 |
| 8 | 晚睡 | 生活 | 导致第二天晚起，状态不好 | 培养早睡早起的习惯 |
| 9 | 长时间刷手机 | 生活 | 导致过度疲劳，大脑运行低效 | 给自己定时，记录自己的手机使用时间 |

续表

| 坏习惯一览表 | | | | |
|---|---|---|---|---|
| 序号 | 习惯 | 类型 | 危害 | 对策及好习惯培养 |
| 10 | 通过喝酒和吃东西减压 | 生活 | 导致更大的压力及肥胖 | 练习冥想，学习减压方法 |
| 11 | 不吃早餐或饮食不规律 | 生活 | 上午的学习和工作效率特别低，精力差 | 培养吃早餐的习惯，规律饮食 |
| 12 | 睡前玩手机 | 生活 | 导致晚睡，第二天效率低下，受到蓝光影响，睡眠质量差 | 睡前1小时不看手机 |
| 13 | 睡前吃东西 | 生活 | 导致睡眠不好 | 吃完晚饭，睡前3小时不吃东西 |

**本章附录2：好习惯一览表**

在工作和生活中，你的好习惯越多，精力就越好，效率就越高。下面我们提供一些改善精力的好习惯，供你参考。

| 好习惯一览表 | | | |
|---|---|---|---|
| 序号 | 习惯 | 类型 | 价值 |
| 1 | 每天计划 | 工作 | 提高工作效率，提高解决临时问题的能力，节省精力 |
| 2 | 每天回顾 | 工作 | 提高工作效率 |
| 3 | 早起 | 生活 | 提高工作效率，提高生活幸福感和掌控感 |

续表

| 好习惯一览表 | | | |
|---|---|---|---|
| 序号 | 习惯 | 类型 | 价值 |
| 4 | 每天吃健康早餐 | 生活 | 增强精力 |
| 5 | 有节奏地休息 | 工作、生活 | 合理利用精力，有利于精力恢复 |
| 6 | 午睡 | 工作、生活 | 改善下午的精力，提高整体工作效率 |
| 7 | 记录时间 | 工作、生活 | 提高工作效率 |
| 8 | 运动 | 生活 | 改善工作精力 |
| 9 | 冥想 | 工作、生活 | 改善工作精力，缓解压力和焦虑，提高专注力，提高工作效率 |
| 10 | 规划每天最重要的事 | 工作、生活 | 提高工作效率，善用精力 |
| 11 | 定时睡眠 | 生活 | 提高工作效率，恢复精力 |
| 12 | 一次一事 | 工作、生活 | 提高工作和生活效率，善用精力 |
| 13 | 给任务设置截止时间 | 工作、生活 | 提高工作和生活效率，合理使用精力 |
| 14 | 番茄工作法 | 工作 | 提高工作效率，合理使用精力 |

## 本章小结

本章我们讨论的是如何通过培养好习惯，让我们有更多的精力。

好习惯会变成自动的行为，会耗费更少的脑力，也就能够节省更多的精力。在某种意义上，节省就意味着增加，让我们可以把更多的精力用于其他重要的地方。

培养习惯有三个步骤。

第一步：发现我们当前的习惯类型、特点。我们可通过表格统计来获得这一数据。

第二步：找到工作和生活中的好习惯、坏习惯。培养好习惯，改掉坏习惯。

第三步：学习培养习惯的方法。

增强习惯有两种方法。

方法一：福格的习惯养成三要素。

- 动机。
- 能力。

- 触发。

方法二：肖恩·杨的习惯养成7种武器。

- 阶梯模型。
- 极度容易原则。
- 行动在先原则。
- 要事优先原则。
- 社交磁力原则。
- 极度诱惑原则。
- 反复铭刻。

培养习惯需要把这7种武器进行组合，找到适合自己的方法。

第五章

# 压力管理——彻底告别压力与疲惫

我们在学习和工作中消耗的精力和为了缓解压力消耗的精力，来自同一个“精力池”。如果我们长期处于压力中，那么我们的精力就会长期忙于应付压力问题，而无暇顾及其他。这种疲劳导致的无力感，让我们的学习和工作长期处于低效状态。

# 第一节　什么是压力

什么是压力?

斯坦福大学的心理学教授凯利·麦格尼格尔说，压力就是你在意的事情发生危险时引起的反应[①]。这个定义有三个关键词:

- 在意的事情。
- 危险。
- 反应。

对于你不在意的东西，你不会产生压力。如果你对是否能赚到更多的钱并不在意，那么收入对你不会产生压力，别人是不是开着豪车、住着豪宅，对你都不会有任何影响；如果你对于别人如何看你并不在意，那么，别人是不是尊重你、奉承你，对你也不会产生什么压力；如果你认为孩子在哪里都能学好，那么，是

① [美]凯利·麦格尼格尔著:《自控力：和压力做朋友》，王鹏程译，北京联合出版公司 2016 年版。

不是有学区房，孩子是不是去了名校，对你就没有什么压力。

压力一定产生于你在意的东西，那些你在意的东西，就是产生压力的源头。如果你在意别人认为你是不是漂亮，而你长得又不太漂亮，那么这件事情就会给你造成困扰。

危险，是指你可能得不到你在意的东西，或者你可能失去你在意的东西。比如，你可能失去健康、失去现有的身份、失去地位、失去尊重，或者得不到你想要的财富，等等。

关于危险，并不取决于是不是真的发生，只要在心理上感觉到危险，就会产生压力。比如，你担心无法维持生活，实际上，你每天都吃得上饭，有衣服穿，也有房子住，你的担心跟实际情况完全不符，也许你担心了1年，你担心的事情也没发生。但是这种担心，会持续让你产生压力。

反应，是指当得不到你在意的东西，或者失去你在意的东西时，你的身体和心理产生的变化，以及由此产生的消极行为，如自暴自弃、暴饮暴食、无所事事、筋疲力尽等。

心理的反应可能会表现为焦虑、抑郁、无助、恐惧、愤怒等。

身体的反应可能会表现为胃痛、呼吸不顺畅、双手出汗、心跳加快。比如，当你听说你被辞退时，呼吸可能瞬间变得急促，手心出汗，心跳加快，胃部感觉不适，胸口很堵。这时，你的情绪变得消沉，觉得一切都没有希望了，感到焦虑、压力大。

在这个例子中，工作就是你在意的东西，而工作没有了，是发生的危险，你的各种身体和心理的表现，则是你的反应。这就是我们通常说的压力。

## 压力反应模型

压力的反应过程如下图所示：

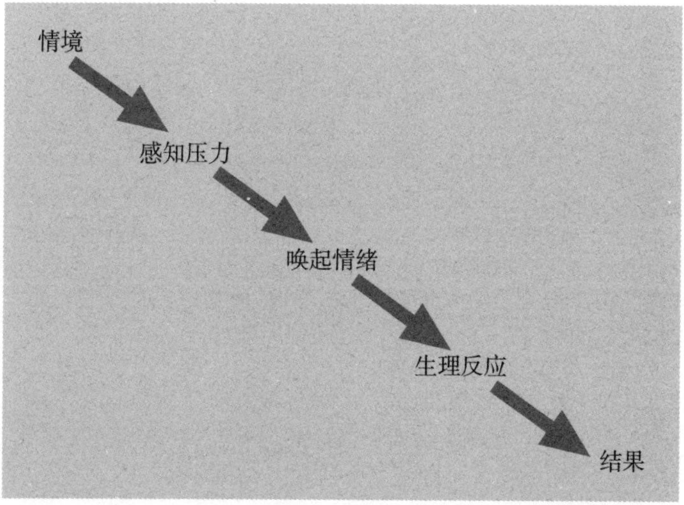


从这个模型我们可以看到，压力首先需要有情境的刺激，这个刺激就是压力源。然后大脑对压力产生感知，并因此产生情绪和生理反应，包括愤怒、焦虑，以及身体上的各种不适，如心跳的变化、胃部的不适等，最后可能导致一些结果。这些结果可能是心情变差，或者生理上的疾病，如胃病、皮肤病等，也可能是心理上的疾病，如抑郁。

压力的结果还体现在工作上表现差、工作效率低、家庭关系处理不好等。因为压力导致我们的注意力偏离到了各种负面情绪中，造成精力耗散，所以我们没有足够的精力去完成工作和生活中的各种必须完成的任务。

对于想要改善精力的人士来说，压力管理是一个不能回避的问题。

## 第二节　你现在的压力水平：压力评估

每个人对于压力的承受能力是不同的，高敏感型人群在消极环境下表现糟糕，而在积极环境下则有可能表现得非常出色；低敏感型人群无论处于怎样的环境，所受影响相对于高敏感型人群来说都会更小。

那么，为了更惬意轻松，难道我们应该追求毫无压力的生活吗？当然不是。自我实现是人类的基本需求，压力与成就之间呈现出一种倒U形关系，在曲线两边，当压力过大或过小时，都会带来消极影响。压力过大，无法承受，失去信心，无法解决问题；压力过小，产生倦怠，同样会导致行动拖延。只有当压力处于曲线中间的部分时，对应的成就是最高的，这部分压力对我们产生了积极作用，形成了动力。

为了更好地工作与生活，我们需要了解自己的压力水平，这就需要通过专业的压力评测来获得数据。根据评测结果，我们可以试着找一下压力的主要来源。

下面是一张压力评估表，请根据自己的情况如实回答，并计算总分。在了解完你的压力水平之后，结合自身实际情况进行调整。假如你觉得压力过大，可以适当放松；如果你觉得压力过小，可以增加压力，从而促使自己取得更高的成就。

| 压力评估表 | | | | | |
|---|---|---|---|---|---|
| 表现 | 从不 | 偶尔（每半年一次及以上） | 有时（每月一次及以上） | 经常（每周一次及以上） | 总是如此 |
| 1. 紧张性头痛 | 1 | 2 | 3 | 4 | 5 |
| 2. 偏头痛 | 1 | 2 | 3 | 4 | 5 |
| 3. 胃痛 | 1 | 2 | 3 | 4 | 5 |
| 4. 血压升高 | 1 | 2 | 3 | 4 | 5 |
| 5. 手冷 | 1 | 2 | 3 | 4 | 5 |
| 6. 胃酸 | 1 | 2 | 3 | 4 | 5 |
| 7. 呼吸急促 | 1 | 2 | 3 | 4 | 5 |
| 8. 腹泻 | 1 | 2 | 3 | 4 | 5 |
| 9. 心悸 | 1 | 2 | 3 | 4 | 5 |
| 10. 手抖 | 1 | 2 | 3 | 4 | 5 |
| 11. 打嗝 | 1 | 2 | 3 | 4 | 5 |
| 12. 打饱嗝 | 1 | 2 | 3 | 4 | 5 |
| 13. 小便频繁 | 1 | 2 | 3 | 4 | 5 |
| 14. 手足出汗 | 1 | 2 | 3 | 4 | 5 |
| 15. 皮肤出油 | 1 | 2 | 3 | 4 | 5 |
| 16. 感到疲倦 | 1 | 2 | 3 | 4 | 5 |

续表

| 压力评估表 | | | | | |
|---|---|---|---|---|---|
| 表现 | 从不 | 偶尔（每半年一次及以上） | 有时（每月一次及以上） | 经常（每周一次及以上） | 总是如此 |
| 17. 气喘吁吁 | 1 | 2 | 3 | 4 | 5 |
| 18. 口干 | 1 | 2 | 3 | 4 | 5 |
| 19. 手颤 | 1 | 2 | 3 | 4 | 5 |
| 20. 背痛 | 1 | 2 | 3 | 4 | 5 |
| 21. 颈部僵硬 | 1 | 2 | 3 | 4 | 5 |
| 22. 牙龈痛 | 1 | 2 | 3 | 4 | 5 |
| 23. 磨牙 | 1 | 2 | 3 | 4 | 5 |
| 24. 便秘 | 1 | 2 | 3 | 4 | 5 |
| 25. 胸部或者心脏感到紧张 | 1 | 2 | 3 | 4 | 5 |
| 26. 头晕 | 1 | 2 | 3 | 4 | 5 |
| 27. 恶心/呕吐 | 1 | 2 | 3 | 4 | 5 |
| 28. 月经不调 | 1 | 2 | 3 | 4 | 5 |
| 29. 皮肤生斑 | 1 | 2 | 3 | 4 | 5 |
| 30. 心脏剧烈跳动 | 1 | 2 | 3 | 4 | 5 |
| 31. 结肠炎 | 1 | 2 | 3 | 4 | 5 |
| 32. 哮喘 | 1 | 2 | 3 | 4 | 5 |
| 33. 消化不良 | 1 | 2 | 3 | 4 | 5 |
| 34. 高血压 | 1 | 2 | 3 | 4 | 5 |
| 35. 呼吸急促 | 1 | 2 | 3 | 4 | 5 |
| 36. 关节炎 | 1 | 2 | 3 | 4 | 5 |

续表

| 压力评估表 | | | | | |
|---|---|---|---|---|---|
| 表现 | 从不 | 偶尔（每半年一次及以上） | 有时（每月一次及以上） | 经常（每周一次及以上） | 总是如此 |
| 37. 皮疹 | 1 | 2 | 3 | 4 | 5 |
| 38. 下巴痛/磨牙 | 1 | 2 | 3 | 4 | 5 |
| 39. 过敏 | 1 | 2 | 3 | 4 | 5 |

评估标准（供参考）：

39—75：低强度的压力反应生理症状；

76—100：中等强度的压力反应生理症状；

101—150：高强度的压力反应生理症状；

150以上：极高压力的反应生理症状。

资料来源：H. Ebel er al., eds., Presidential Sports Award Fitness Manual, 197–198. Copyright © 1983 FitCom Corporation. Havertown, PA.

# 第三节　是什么让你产生了压力：压力源分析

国外的相关心理研究机构将挫败、矛盾、变化、压迫感定义为压力的4种主要成分，接下来我们分别了解一下。

**挫败**

指的是你在实现自己目标的过程中遭受的挫折失败，包括外部与内部两个方面：外部如消极的人际关系、工作中的种种不如意，以及在实现目标过程中遭受的失败等；内部如自卑、能力不足、身体残疾等。

回忆一下你的挫败经历。

内部：

______________________________

______________________________

______________________________

______________________________

外部：

________________________________________

________________________________________

________________________________________

________________________________________

**矛盾**

由矛盾所造成的压力源分为3种模式，分别是双趋模式、双避模式与趋避模式。

双趋模式简单来说，就是有两个或多个想要的结果，你需要从中作出取舍。例如，你有两个喜欢的人，但是只能跟其中一个人结婚。

双避模式刚好相反，你需要从两个或多个不想要的结果中做出选择，这种压力是最大的。例如，要么放弃心上人，要么放弃巨额遗产，无论如何选择都会让你感到很难受。

趋避模式，指的是从两个或多个相关的目标中做出选择，这些目标有你喜欢的地方，也有你讨厌的地方。例如，公司准备提拔你做销售经理，好处是薪水高了，但是相应的压力也增加了。

你最近经历过怎样的矛盾呢？它给你造成了怎样的影响？

________________________________________

________________________________________

## 变化

无论是在生活中还是在工作中，新的变化都会带来压力，即便那些积极的变化也是如此。例如，你最近升职加薪了，薪水多了责任也大了；你贷款买了新房子，虽然有房了但是每个月也要还贷款……这些都是积极的变化，更不要说消极的变化。当一个个新的变化叠加在一起时，压力就产生了。

回想一下，你最近都发生了哪些变化。

积极的变化：

消极的变化：

**压迫感**

经常产生压迫感的人，往往是比较上进的人，这些人对自己的要求更为严苛，总是设法满足自己与他人的期望。

列出你最近的目标，与你的个人能力进行匹配，分析一下这些目标是否过高，是否给你造成了过大的压力。

______________________________________

______________________________________

______________________________________

______________________________________

根据前面讲到的压力模型，我们得知了自己的压力状况。下面，我们需要找到压力源，了解压力来自哪里，以更好地缓解和清除压力。

世界卫生组织把职场压力看作“20世纪的疾病”，这表明职场压力是世界性的，是“全球流行病”。在高速发展的当今社会，我们每个人的生活都充满了各种压力。

压力通常起始于情境，我们身处的情境总体上可以分为两种：工作情境和生活情境。也就是说，我们的压力源通常来自这两种情境。根据这两种情境，我们设计了两个压力自检表格，供读者分析自己的压力，寻找和使用相应的减压方法。

| 工作压力自检及对策 | | | |
|---|---|---|---|
| 压力源 | 情况描述 | 关键因素 | 解决对策 |
| 工作物理环境 | 环境温度过高或过低<br>光线不良<br>工作环境不安全<br>噪声大<br>环境拥挤<br>封闭 | 不可控外因 | 更换工作 |
| 工作管理环境 | 公司层级多，效率低<br>公司制度不合理<br>责任不清 | 社会关系压力：因工作制度和管理问题，无法很好地处理工作中的各种关系 | 更换工作<br>提高能力（沟通）<br>意识锻炼（冥想） |
| 上下级关系 | 缺乏上级支持<br>上级不尊重自己<br>上级不喜欢自己<br>下属不服从自己的管理<br>下属不尊重自己<br>下属不喜欢自己 | 能力压力：压力来自与上级和下级相处的能力，以及在相处中获得认可的能力<br>社会关系压力：相处过程中不被认可、理解和需要 | 提高能力（沟通）<br>意识锻炼（冥想）<br>身体锻炼（有氧运动）<br>社交/情感（联系他人）<br>精神放松（阅读、听音乐、旅游等） |
| | 不了解上级的意图 | 能力压力：缺乏理解能力、沟通能力 | 提高能力（沟通）<br>意识锻炼（冥想）<br>身体锻炼（有氧运动）<br>社交/情感（联系他人）<br>精神放松（阅读、听音乐、旅游等） |

续表

| 工作压力自检及对策 | | | |
|---|---|---|---|
| 压力源 | 情况描述 | 关键因素 | 解决对策 |
| 同事 | 同事之间有矛盾<br>工作上互相推诿<br>与同事相处不好 | 能力压力：无法与同事很好地相处，部门的责任不清，导致同事之间扯皮<br>社会关系压力：无法获得理解 | 提高能力（沟通）<br>意识锻炼（冥想）<br>身体锻炼（有氧运动）<br>社交/情感（联系他人）<br>精神放松（阅读、听音乐、旅游等） |
| 工作 | 工作单调重复 | 自主性压力：无法从事自己喜欢的工作 | 意识锻炼（冥想）<br>身体锻炼（有氧运动）<br>社交/情感（联系他人）<br>精神放松（阅读、听音乐、旅游等）<br>更换工作 |
| | 工作的内容与自己的兴趣不合 | 自主性压力：不能从事自己喜欢的工作 | 意识锻炼（冥想）<br>身体锻炼（有氧运动）<br>社交/情感（联系他人）<br>精神放松（阅读、听音乐、旅游等）<br>更换工作 |

续表

| 工作压力自检及对策 | | | |
|---|---|---|---|
| 压力源 | 情况描述 | 关键因素 | 解决对策 |
| 工作 | 工作复杂，工作量大 | 能力压力：无法胜任工作 | 意识锻炼（冥想）<br>身体锻炼（有氧运动）<br>社交/情感（联系他人）<br>精神放松（阅读、听音乐、旅游等）<br>更换工作 |
| | 工作有时间限制 | 能力压力：无法胜任工作 | 意识锻炼（冥想）<br>身体锻炼（有氧运动）<br>社交/情感（联系他人）<br>精神放松（阅读、听音乐、旅游等）<br>更换工作 |
| | 从事自己不熟悉的工作 | 能力压力：无法胜任工作 | 意识锻炼（冥想）<br>身体锻炼（有氧运动）<br>社交/情感（联系他人）<br>精神放松（阅读、听音乐、旅游等）<br>更换工作 |

续表

| 工作压力自检及对策 | | | |
|---|---|---|---|
| 压力源 | 情况描述 | 关键因素 | 解决对策 |
| 工作 | 对工作没有自信 | 能力压力：无法胜任工作 | 意识锻炼（冥想）<br>身体锻炼（有氧运动）<br>社交/情感（联系他人）<br>精神放松（阅读、听音乐、旅游等）<br>更换工作 |
| | 感觉工作责任重大 | 能力压力：无法胜任工作 | 意识锻炼（冥想）<br>身体锻炼（有氧运动）<br>社交/情感（联系他人）<br>精神放松（阅读、听音乐、旅游等）<br>更换工作 |
| | 不了解自己的职责范围 | 能力压力：无法胜任工作 | 意识锻炼（冥想）<br>身体锻炼（有氧运动）<br>社交/情感（联系他人）<br>精神放松（阅读、听音乐、旅游等）<br>更换工作 |

生活压力自检及对策

| 压力刺激 | 情况描述 | 关键因素 | 解决对策 |
|---|---|---|---|
| 夫妻关系 | 夫妻吵架<br>不能理解对方<br>敌意<br>迁怒<br>抱怨 | 价值观、沟通能力、经济能力 | 提高能力（沟通、赚钱）<br>意识锻炼（冥想）<br>身体锻炼（有氧运动）<br>社交/情感（联系他人）<br>精神放松（阅读、听音乐、旅游等） |
| 与子女的关系 | 难以沟通 | 沟通能力 | 提高能力（沟通）<br>意识锻炼（冥想）<br>身体锻炼（有氧运动）<br>社交/情感（联系他人）<br>精神放松（阅读、听音乐、旅游等） |
| 子女教育费用不足 | 想去好的学校，无法支付相应的费用 | 经济能力 | 提高能力（赚钱）<br>意识锻炼（冥想）<br>身体锻炼（有氧运动）<br>社交/情感（联系他人）<br>精神放松（阅读、听音乐、旅游等） |

续表

| 生活压力自检及对策 | | | |
|---|---|---|---|
| 压力刺激 | 情况描述 | 关键因素 | 解决对策 |
| 子女抚养压力 | 没有足够的费用让子女获得更好的生活 | 经济能力 | 提高能力（赚钱）<br>意识锻炼（冥想）<br>身体锻炼（有氧运动）<br>社交/情感（联系他人）<br>精神放松（阅读、听音乐、旅游等） |
| 亲戚之间相处 | 对事情的看法不同 | 价值观、沟通能力 | 提高能力（沟通）<br>意识锻炼（冥想）<br>身体锻炼（有氧运动）<br>社交/情感（联系他人）<br>精神放松（阅读、听音乐、旅游等） |
| 孤独 | 没有朋友，只能独处 | 沟通能力、价值观、社会关系 | 提高能力（沟通）<br>意识锻炼（冥想）<br>身体锻炼（有氧运动）<br>社交/情感（联系他人）<br>精神放松（阅读、听音乐、旅游等） |

续表

| 生活压力自检及对策 | | | |
|---|---|---|---|
| 压力刺激 | 情况描述 | 关键因素 | 解决对策 |
| 疲惫感 | 经常感到很累 | 健康管理能力 | 提高能力（健康管理）<br>意识锻炼（冥想）<br>身体锻炼（有氧运动）<br>社交/情感（联系他人）<br>精神放松（阅读、听音乐、旅游等） |
| 感到生活没意思 | 做什么都打不起精神，感到没意思 | 价值观、社会关系 | 提高能力（赚钱）<br>意识锻炼（冥想）<br>身体锻炼（有氧运动）<br>社交/情感（联系他人）<br>精神放松（阅读、听音乐、旅游等） |
| 想结婚 | 想结婚但没钱买房 | 经济能力 | 提高能力（赚钱）<br>意识锻炼（冥想）<br>身体锻炼（有氧运动）<br>社交/情感（联系他人）<br>精神放松（阅读、听音乐、旅游等） |

续表

| 生活压力自检及对策 | | | |
|---|---|---|---|
| 压力刺激 | 情况描述 | 关键因素 | 解决对策 |
| 购物欲望 | 看到别人有名牌包包，自己没钱买 | 经济能力、价值观 | 提高能力（赚钱）<br>意识锻炼（冥想）<br>身体锻炼（有氧运动）<br>社交/情感（联系他人）<br>精神放松（阅读、听音乐、旅游等） |
| 别人买房 | 别人说到买房，听了觉得压力很大 | 经济能力、自尊 | 提高能力（赚钱）<br>意识锻炼（冥想）<br>身体锻炼（有氧运动）<br>社交/情感（联系他人）<br>精神放松（阅读、听音乐、旅游等） |
| 家庭责任 | 赡养父母，钱不够 | 经济能力 | 提高能力（赚钱）<br>意识锻炼（冥想）<br>身体锻炼（有氧运动）<br>社交/情感（联系他人）<br>精神放松（阅读、听音乐、旅游等） |

续表

| 生活压力自检及对策 | | | |
| --- | --- | --- | --- |
| 压力刺激 | 情况描述 | 关键因素 | 解决对策 |
| 想结婚 | 没钱给彩礼 | 经济能力 | 提高能力（赚钱）<br>意识锻炼（冥想）<br>身体锻炼（有氧运动）<br>社交/情感（联系他人）<br>精神放松（阅读、听音乐、旅游等） |
| 医疗 | 没钱看病 | 经济能力 | 提高能力（赚钱）<br>意识锻炼（冥想）<br>身体锻炼（有氧运动）<br>社交/情感（联系他人）<br>精神放松（阅读、听音乐、旅游等） |

## 自我训练

| 工作压力自检及对策 | | | |
|---|---|---|---|
| 压力源 | 情况描述 | 关键因素 | 解决对策 |
| | | | |
| | | | |
| | | | |
| | | | |
| | | | |
| | | | |
| | | | |
| | | | |

| 生活压力自检及对策 | | | |
|---|---|---|---|
| 压力源 | 情况描述 | 关键因素 | 解决对策 |
| | | | |
| | | | |
| | | | |
| | | | |
| | | | |
| | | | |
| | | | |
| | | | |

# 第四节　压力管理的核心方法

从前面提到的压力模型来看，压力发生的整个过程包括5个阶段：

- 情境。
- 感知压力。
- 唤起情绪。
- 生理反应。
- 产生结果。

针对上述过程，可以从下面4个角度来缓解压力：

- 改变感知压力的方法。
- 改变或者降低唤起情绪的强度。
- 减弱生理反应。
- 缓解压力造成的不良后果。

我们从下面5个方面来应对压力问题：

- 提高能力。
- 意识锻炼。

- 身体锻炼。
- 社交/情感。
- 精神放松。

来看一个实例：

| 缓解压力的方法及效果 | | | | | | |
|---|---|---|---|---|---|---|
| 途径 | 具体手段 | 作用方式 | | | 实际效果 | |
| | | 改变对压力的感知 | 缓解压力情绪 | 缓解生理反应 | 减缓压力 | 提高抗压能力 |
| 提高能力 | 时间管理能力 | | | | | ✓ |
| | 沟通能力 | | | | | ✓ |
| | 工作技能 | | | | | ✓ |
| | 改善对压力认知 | ✓ | ✓ | ✓ | ✓ | ✓ |
| 意识锻炼 | 冥想 | ✓ | ✓ | ✓ | ✓ | ✓ |
| 身体锻炼 | 有氧运动 | | ✓ | ✓ | ✓ | |
| | 减压饮食 | | ✓ | ✓ | | |
| | 合理睡眠 | | ✓ | ✓ | | ✓ |
| 社交/情感 | 与人聊天 | | ✓ | ✓ | | |
| | 帮助他人 | | ✓ | ✓ | | ✓ |
| 精神放松 | 听音乐、唱歌 | | ✓ | ✓ | | |
| | 看让人放松的视频 | | ✓ | ✓ | | |
| | 阅读 | | ✓ | ✓ | | |
| | 写作 | | ✓ | ✓ | | |
| | 旅游 | | ✓ | ✓ | | |
| | 户外散步 | | ✓ | ✓ | | |

提高能力，对于抗压有很大的帮助。提高了抗压能力，就等于减少了让我们产生压力的事情。我们从下一节开始详细讲述具体的管理压力的方法。

通过意识锻炼，改善对压力的认知，在压力感知、情绪唤起、生理反应方面，对缓解压力的效果明显，还可以提高抗压能力。

身体锻炼，在缓解情绪和生理反应，以及减缓压力等方面都有效果，但是不能改变对压力的感知和提高抗压能力。很多人通过饮食来缓解压力，饮食确实能够对情绪和生理反应有一定的缓解作用，而且看起来很快就能起效，但是我们发现，很多压力大的人往往也很胖。这就是饮食减压产生的副作用。

精神放松的方法和社交/情感的投入，只能缓解情绪和生理反应，不能改变对压力的感知和提高抗压能力。

## 自我训练

根据自己的实际情况，总结出一套适合自己的减压方法，并完成下表。我们将在本章的第五节到第十一节介绍7种压力管理方法。

| 缓解压力的方法及效果 | | | | | | |
|---|---|---|---|---|---|---|
| 途径 | 具体手段 | 作用方式 | | | 实际效果 | |
| | | 改变对压力的感知 | 缓解压力情绪 | 缓解生理反应 | 减缓压力 | 提高抗压能力 |
| | | | | | | |
| | | | | | | |
| | | | | | | |
| | | | | | | |
| | | | | | | |
| | | | | | | |
| | | | | | | |
| | | | | | | |
| | | | | | | |
| | | | | | | |
| | | | | | | |
| | | | | | | |

## 第五节　通过饮食、运动、睡眠管理压力

研究表明，有60%的人会用饮食来缓解压力。相信大家一定有过这样的体验：有时候心情很差，特别想吃东西。但是，饮食可以缓解压力，也可以增加压力。要想通过饮食有效地缓解压力，就要知道正确的饮食方法。

哪些饮食会增加压力?

压力反应也是消耗能量的过程。当我们感受到压力时，往往特别喜欢吃甜食或者面食，这些食物都属于精制碳水化合物。精制碳水化合物虽然能够快速补充我们大脑必需的能量，同时生成血清素，让我们感觉美好，但是这一作用会很快消失。这种快速的刺激会让我们感到更多的压力，同时也容易导致身体发胖。

肉类吃多了，会导致肾上腺素增多，进而引起情绪反应，如冲动发怒。所以，通过食物来缓解压力，需要减少上述食物的摄入。要摄入那些高质量食物。所谓高质量食物，就是能够让我们感觉愉快，能够维持稳定的身体营养需求，又不会增加压力的食物。下面

推荐一些高质量的食物：

- 优质碳水化合物，包括全麦面包、糙米、高粱、小米等。
- 各种蔬菜，包括西蓝花、菠菜、甘蓝等。
- 豆类和鱼类是优质蛋白质的来源。
- 干果类食物，如杏仁、腰果、花生、芝麻等，富含人体必需的各种矿物质。
- 各种水果。

有效的运动减压方式：

- 散步。
- 舞蹈。
- 乒乓球。
- 慢跑。
- 游泳。
- 跳绳。
- 瑜伽。

睡眠不足会增加压力，所以保证睡眠是缓解压力的重要手段。要想获得好的睡眠，要养成一些良好的睡眠习惯：

- 按时上床睡觉。
- 睡觉之前不做剧烈活动，不看刺激性的视频，不听刺激性的音乐。
- 如果白天能够小睡20分钟，对缓解压力和疲劳有很好的效果。

● 创造好的睡眠环境，如柔和的光线，安静的环境，房间温度最好不要超过20℃。

**自我训练**

跟踪记录，监控自己的饮食习惯，调整和改进饮食结构，并填写周饮食健康记录表。

| 周健康饮食记录 | | | | | |
|---|---|---|---|---|---|
| 时间 | 餐别 | 碳水化合物 | 蛋白质 | 蔬菜水果 | 水/饮料 |
| 周一 | 早 | | | | |
| | 中 | | | | |
| | 晚 | | | | |
| 周二 | 早 | | | | |
| | 中 | | | | |
| | 晚 | | | | |
| 周三 | 早 | | | | |
| | 中 | | | | |
| | 晚 | | | | |
| 周四 | 早 | | | | |
| | 中 | | | | |
| | 晚 | | | | |
| 周五 | 早 | | | | |
| | 中 | | | | |
| | 晚 | | | | |

续表

| 周健康饮食记录 | | | | | |
|---|---|---|---|---|---|
| 时间 | 餐别 | 碳水化合物 | 蛋白质 | 蔬菜水果 | 水/饮料 |
| 周六 | 早 | | | | |
| | 中 | | | | |
| | 晚 | | | | |
| 周日 | 早 | | | | |
| | 中 | | | | |
| | 晚 | | | | |

运动跟踪记录，监控自己的运动习惯。

| 周运动记录表 | | | | | |
|---|---|---|---|---|---|
| 时间 | | 运动类型 | 运动时长（分钟） | 运动地点 | 感受 |
| 周一 | 早 | | | | |
| | 中 | | | | |
| | 晚 | | | | |
| 周二 | 早 | | | | |
| | 中 | | | | |
| | 晚 | | | | |
| 周三 | 早 | | | | |
| | 中 | | | | |
| | 晚 | | | | |
| 周四 | 早 | | | | |
| | 中 | | | | |
| | 晚 | | | | |
| 周五 | 早 | | | | |
| | 中 | | | | |
| | 晚 | | | | |

续表

| 周运动记录表 | | | | | |
|---|---|---|---|---|---|
| 时间 | | 运动类型 | 运动时长（分钟） | 运动地点 | 感受 |
| 周六 | 早 | | | | |
| | 中 | | | | |
| | 晚 | | | | |
| 周日 | 早 | | | | |
| | 中 | | | | |
| | 晚 | | | | |

跟踪记录自己的睡眠情况，监控睡眠对精力的影响。

| 周入睡醒来记录表 | | | |
|---|---|---|---|
| 时间 | 入睡 | 醒来 | 睡眠时长 |
| 周一 | | | |
| 周二 | | | |
| 周三 | | | |
| 周四 | | | |
| 周五 | | | |
| 周六 | | | |
| 周日 | | | |
| 平均 | | | |

# 第六节 冥想减压法

全球许多神经科学家和心理学家都对冥想进行过深入研究。马萨诸塞大学医学院名誉教授乔恩·卡巴金在1994年就发明了著名的正念减压疗法（MBSR）[①]。威斯康星大学麦迪逊分校的神经科学家、心理学家理查德·戴维森通过长期的研究和实验，发现了冥想对人类的好处，包括提高注意力，缓解压力，提高自我认知，以及使人更富有同情心等。所以，冥想能够减少压力，已经是一个不争的事实。

就像我们跑步、举哑铃锻炼身体一样，冥想练习是一种纯粹的大脑锻炼。我们知道，压力是大脑的一种反应。我们通过冥想锻炼大脑，形成更容易放松的大脑回路，从而能达到减压的效果。

① ［美］乔恩·卡巴金著：《多舛的生命：正念疗愈帮你抚平压力、疼痛和创伤》（第2版），童慧琦、高旭滨译，机械工业出版社2018年版。

冥想的方法有很多种，我们推荐的这种简单的方法叫作“正念呼吸”。这种方法，不限于在哪里做，也不限于在什么时间做，甚至不限于做多长时间，你可以做1分钟，也可以做10分钟。这种方法来自理查德·戴维森①。

**具体方法**

● 找一个安静的地方。

● 给自己设定一个练习时间，如3分钟。

● 轻轻闭上眼睛，从头到脚感觉一下身体，让自己放松。

● 把你的注意力放到呼吸时气息经过的某一个地方，如鼻腔或者胸部，放到你能够在呼吸的过程中感受到的任何地方，然后把注意力停在这个地方。

● 开始自然地呼吸，不去控制，只要你觉得舒服就是正确的。如果觉得不舒服，你可以调整一下呼吸的快慢、深浅等。将注意力保持在你设定的位置上。

● 吸气时数1，然后呼气，完成第一个循环。再吸气时数2，呼气，完成第二个循环。这样一直数到9，然后再从1开始。

● 在练习的过程中，一定会走神。走神很正常，所有的人都会

---

① ［美］理查德·戴维森、［美］沙伦·贝格利著：《大脑的情绪生活》，三喵译，格致出版社、上海人民出版社2019年版。

走神，这是大脑的自然习惯。

● 当你发现自己走神时，要让自己重新关注呼吸过程中感受到的那个地方，并重新数数。发现自己走神，就是你进入冥想状态的最好时机。

● 当计时器响起时，慢慢睁开眼睛，把你的意识拉回当下。

**何时练习**

● 你可以在每天早晨起床后练习几分钟，因为早晨没人干扰，所以容易养成每天冥想的习惯。冥想最重要的不是一次练习几个小时，而是每天坚持练习，哪怕只练几分钟。

● 如果你觉得早晨起不来也没关系，可以改到晚上睡觉前练习。可以根据你的习惯，找出一天最不容易被干扰的时间去练习。

● 最好能找到一个固定的时间，这样比较容易养成习惯。

● 如果有一天忘记了练习也没关系，重新开始就好，不要责备自己。

● 任何时候，当你感觉有压力时，都可以做这个练习。在超市排队、等车、等人时，或者在工作间隙、吃饭之前、睡觉之前、开始学习和工作之前，都可以练习几分钟。你可以把这个冥想练习当成恢复状态的补充剂。

## 自我训练

根据上面的指导，每天训练，并填写21天习惯养成记录表。

| 21天习惯养成记录表 | | | | |
|---|---|---|---|---|
| 习惯名称：每天冥想10分钟 | | | | |
| 时间 | 行动 | 是否完成 | 问题点 | 解决对策 |
| 第1天 | 每天冥想10分钟 | | | |
| 第2天 | 每天冥想10分钟 | | | |
| 第3天 | 每天冥想10分钟 | | | |
| 第4天 | 每天冥想10分钟 | | | |
| 第5天 | 每天冥想10分钟 | | | |
| 第6天 | 每天冥想10分钟 | | | |
| 第7天 | 每天冥想10分钟 | | | |
| 第8天 | 每天冥想10分钟 | | | |
| 第9天 | 每天冥想10分钟 | | | |
| 第10天 | 每天冥想10分钟 | | | |
| 第11天 | 每天冥想10分钟 | | | |
| 第12天 | 每天冥想10分钟 | | | |
| 第13天 | 每天冥想10分钟 | | | |
| 第14天 | 每天冥想10分钟 | | | |
| 第15天 | 每天冥想10分钟 | | | |
| 第16天 | 每天冥想10分钟 | | | |
| 第17天 | 每天冥想10分钟 | | | |
| 第18天 | 每天冥想10分钟 | | | |
| 第19天 | 每天冥想10分钟 | | | |

续表

| 21天习惯养成记录表 | | | | |
|---|---|---|---|---|
| 习惯名称：每天冥想10分钟 | | | | |
| 时间 | 行动 | 是否完成 | 问题点 | 解决对策 |
| 第20天 | 每天冥想10分钟 | | | |
| 第21天 | 每天冥想10分钟 | | | |
| 总结 | 培养习惯遇到最大的问题是什么? | | | |
| | 如何解决? | | | |

# 第七节 心理体能练习

我们已经知道冥想的减压效果很好，而有氧运动也有利于减压，那么，有没有什么方式能把两种方法结合起来呢？

罗格斯大学的神经科学教授特雷西·索尔斯发明了一种减压方法叫“心理体能练习”（mental and physical training, MAP）[①]，这种方法就是把冥想和有氧运动结合起来的放松减压练习。这种练习的好处是不仅可以释放压力，而且可以提高专注度和执行力。索尔斯对这种方法的评价是：**对过去的思考更少，对现在的感觉更好**。

那么如何练习呢？

MAP的练习方法非常简单，分3个步骤。

第一步：冥想20分钟。读者可以参考本章第六节讲的正念呼吸法。

第二步：慢走10分钟。

第三步：有氧运动30分钟。

---

① MAP训练网站地址：https://www.maptrainmybrain.com。

索尔斯建议每周练习两次，以8周为一个周期，验证效果。

如果有时间，可以每天练习，养成习惯。

有些人可能想知道有氧运动需要达到多大的强度。下面我们来说一说这个问题。

不管你做什么有氧运动，重要的是让你的心率达到你最高心率的60%。那么，如何知道自己的最高心率是多少呢？

有一个简单的计算方法：最大心率=220－年龄。

如果你今年30岁，那么你的最大心率就是220－30=190（次/分）。

有氧运动的强度分为高、中、低三个档次。

低强度的有氧运动：心跳达到最大心率的55%—65%。

中等强度的有氧运动：心跳达到最大心率的65%—75%。

高强度的有氧运动：心跳达到最大心率的75%—90%。

索尔斯所说的有氧运动要达到最大心率的60%，属于低强度的有氧运动。如果以30岁的人为例，达到最大心率的60%，也就是190的60%，即114次/分。每一个人的身体情况不同，要根据具体情况，结合医生的建议执行。

读者可以根据上述讲解来进行MAP练习。

## 自我训练

记录每周的训练。

| 心理体能练习 | | | |
| --- | --- | --- | --- |
| 时间 | 有氧运动类型 | 冥想时间 | 感受 |
| 周一 | | | |
| 周二 | | | |
| 周三 | | | |
| 周四 | | | |
| 周五 | | | |
| 周六 | | | |
| 周日 | | | |

# 第八节　对写作能力零要求的彭尼贝克写作减压法

用写作来减压，听上去是一件挺难的事，因为很多人不喜欢写作。不过我们为你推荐的写作减压法，是完全不同的写作，这种减压方法，虽然叫作写作减压，但是对写作能力是零要求。

写作减压方法[①]是由得克萨斯大学奥斯汀分校的心理学教授詹姆斯·彭尼贝克发明的。他在论文中发表了使用这种方法的效果。结果表明，测试者经过连续4周的写作减压法练习，在3个月后报告拥有了更多的幸福感，在写作后的6周时间里，看医生的次数减少，而且有了更健康的免疫系统。

## 用什么工具写

写作减压法对工具没什么特别的要求，如果你使用纸和笔，最

① Pennebaker, J.W., Kiecolt-Glaser, J.& Glaser, R., "Disclosure of traumas and immune function: Health implications for psychotherapy" *Journal of Consulting and Clinical Psychology*, 56, pp.239-245 (1988).

好找一支书写流畅的笔，避免因为笔造成干扰。当然，你也可以用电脑或者手机来进行写作。用电脑和手机会遇到更多干扰的问题，因为电脑里有很多吸引人的内容，手机更是如此。所以我们建议你用纸和笔。

### 什么时间写

如果使用写作减压法，你需要一个不被干扰的时间段。彭尼贝克建议，最好是在工作结束以后，或者晚上睡觉之前。如果是在家里，跟家人事先说好，不要让他们干扰你。

### 一次写多长时间

彭尼贝克建议一次写作15分钟。当然，如果你想写20分钟也没问题，或者更少的时间，这要看你自己的情况，你有多少要写的，有多少时间，等等。有一个原则，一旦开始写，就要一直写下去，一直到结束。

### 写作的频率

彭尼贝克建议，每周可以写3—4天。如果你选择更多的天数也没问题。

### 写什么内容

彭尼贝克认为，写作的内容就是你内心深处的情感和想法。它们可能是你生命中最难过的经历，也许是你童年的经历，或者是你与父母的关系、与爱人的关系、你的事业、你想成为什么样的人、你经历过的重大冲突，或者你今天的心情、状态。

彭尼贝克提醒我们，在写作过程中感到悲伤和沮丧是正常的，但是如果你对某一个主题感觉极度悲伤，就要停下来换一个主题。

如果你觉得没什么可写的，也可以重复以前写过的主题。

### 如何处理写过的文本

彭尼贝克建议用自己喜欢的方式来处理你的文本。你可以保存它们，或者销毁它们，如烧掉、撕碎、冲洗等。

## 自我训练

参考前面讲到的方法，结合自己的实际情况训练。

| 彭尼贝克写作减压法 | |
|---|---|
| 内容 | 说明 |
| 工具 | 最好是用纸和笔 |
| 写作时间段 | 不被干扰的时间段 |

续表

| 彭尼贝克写作减压法 | |
|---|---|
| 内容 | 说明 |
| 单次写作时长 | 15分钟左右，根据自己的情况而定 |
| 写作频率 | 每周3—4次 |
| 写作内容 | 感受、想法、经历 |
| 文本处理 | 根据自己的需要，保留或销毁 |

## 第九节　让你快速放松的ICS减压法[①]

### ICS减压法

ICS（instant calming sequence）快速减压法是由神经科学家罗伯特·库珀发明的。罗伯特是先进的神经科学数据平台Neuro和全球咨询公司Cooper Strategic的CEO。他的客户包括3M、可口可乐、谷歌、耐克、苹果、亚马逊、摩根士丹利等。他发明的ICS减压法。可以使人快速放松，改善紧张和压力状况。具体步骤如下。

**步骤1：连续呼吸**

有谁呼吸会间断吗？当然。如果你能够理解“屏住呼吸”这个词，你就能理解什么是呼吸间断了。当我们感到紧张时，往往会屏住呼吸或“忘了”呼吸，或者会觉得呼吸不畅，这些都是因

---

① Robert K. Cooper，*Health and Fitness Excellence：The Scientific Action Plan*，Mariner Books，1990.

为紧张感造成的生理反应。如果这时我们仍然是用平常的呼吸方式，就会觉得呼吸不畅、气短。所以，当压力到来时，要让自己顺畅地呼吸，就要加大呼吸的力度，并保持呼吸的连续性，而不是屏住呼吸。当我们连续呼吸时，身体就获得了充足的氧气并因此放松下来，人也会变得更平静。

**步骤2：微笑**

当压力到来时，人往往是板着面孔的。这时候我们不妨反其道而行之，主动微笑。这是态度的转变，从消极的态度主动向积极的态度过渡。这是快速放松的第二个关键步骤。

**步骤3：改变姿势**

改变姿势，是从身体上做出调整，从而使自己在心理上放松下来。改变姿势包括：

- 抬头。
- 挺胸。
- 把脖子伸长。
- 收起下巴。
- 挺直脊柱。
- 想象头顶有一根无形的线把你的头往上拉。

**步骤4：发送放松信号**

用你的意念，从头到脚地感受一下你的身体，看看哪里有不舒服的紧张感。向那些不舒服的地方发送放松的信号。

步骤5：积极暗示

接受你出现的任何情绪，并暗示自己情况一定能够改善，自己一定能找到解决方案。把注意力放到寻找解决方案上，而不是情绪反应上。

## 自我训练

请按照下表的步骤训练。

| ICS减压法 | | |
|---|---|---|
| 步骤 | 行动 | 说明 |
| 步骤1 | 连续呼吸 | 呼吸过程中不憋气 |
| 步骤2 | 微笑 | 做出微笑的表情 |
| 步骤3 | 改变姿势 | 抬头、挺胸、上身挺直、收下巴、向上伸长脖子 |
| 步骤4 | 发送放松信号 | 从头到脚，释放放松信号 |
| 步骤5 | 积极暗示 | 接受自己的任何情绪，相信一定会变好 |

# 第十节　认知改变压力管理

斯坦福大学心理学教授凯利·麦格尼格尔认为，我们之所以备受压力之苦，是因为我们把压力当成了有害的东西。当我们改变了对压力的认知，我们就能够有效地和压力相处。从认为压力有害转变为认为压力有益，是一种认知的颠覆。我们先看一看下面的压力认知表格：

| 压力认知表格 | |
|---|---|
| 压力有害 | 压力有益 |
| 承受压力损害我的健康活力 | 承受压力增强我的健康活力 |
| 承受压力降低我的效率 | 承受压力提升我的效率 |
| 承受压力阻碍我的学习和成长 | 承受压力推动我的学习和成长 |
| 承受压力是负面的，应该避免 | 承受压力是正面的，应该利用 |

大多数人遇到的问题是无法把压力的负面影响转变成正面影响。

那么，怎样才能让我们改变对压力的认知，从认为压力有害转变为认为压力有益呢？麦格尼格尔为我们提供了3个步骤[1]。

**第一步，当你感知到压力时，不要拒绝**

你越是拒绝压力，就越感觉到有压力。所以，要承认压力的存在，包括承认压力对你身体的影响。承认了压力的存在反而会放松。

**第二步，观察压力**

压力是人对危险事物的反应。观察压力，就是要看看你到底有什么危险？当我们停下来观察时就会发现，我们很多时候只是在预测危险而已，危险并没有发生。

**第三步，学会使用压力产生的能量**

压力可以产生能量，但有些人会把这种能量转变成愤怒。当我们有压力时，会想办法缓解压力，但是往往不得法。大多数人想到的应对压力的方法，只是把能量用到各种担心和焦虑上，这显然是用错了地方。正确的使用能量的方法应该是：问自己下一步做什么能够让压力变小。你要做的事情，就是你的目标，而你之所以产生压力，也往往是因为你在朝着目标前进时遇到了阻碍。

改变对压力的认知并不容易，需要不断地练习。所以，每当你遇到压力时，就启动上述3个步骤。启动这3个步骤的关键，是要

---

① ［美］凯利·麦格尼格尔著：《自控力：和压力做朋友》，王鹏程译，北京联合出版公司2016年版。

觉察到压力。当我们身处压力之中时，往往只感受到压力带来的各种情绪和生理反应，不能觉察到自己正处于压力之中。那么，怎样才能提高自己的觉察能力呢？可以参考本章第六节的呼吸冥想练习。冥想练习能够从根本上提高一个人的觉察能力，让人对压力的觉察更加敏锐。

## 自我训练

当你遇到压力时，尝试用以下3个步骤应对：

- 接受压力；
- 观察压力；
- 转换能量。

经常训练，直到能够有效缓解压力为止。

## 第十一节　时间管理改变压力

当我们为一个任务设置了截止日期时，我们会感受到一定的压力，这种压力有时候是动力，驱使我们抓紧时间。但是，截止日期有时也会带来消极的压力。当我们无法按时完成一个任务时，我们就可能会感到焦虑，如工作上有一项要在某个时间必须完成的任务，考试的日期临近，结婚日期临近，等等，都会导致压力。如何避免这种截止日期带来的压力呢?

这些与时间有关的压力，当然需要通过合理的时间管理来解除。通过时间管理来解决压力问题，具体可以分以下步骤。

**设定目标**

没有目标是感受到时间压力的第一原因。因为不知道该做什么，所以一天的时间很快就过去了。这样日复一日，截止日期到了，该做的事还没完成。所以，只有设定了目标，而且这个目标是可测量、可执行、可完成的，我们才能安排时间尽早实现。

### 分配时间

设定目标以后，你会发现有不止一件事情需要去做。那么应该优先做什么呢？史蒂芬·柯维在《高效能人士的7个习惯》中告诉我们：**要事第一**。也就是说，要优先做最重要的事。帕累托法则告诉我们，80%的产出来自20%的重要的事情。所以，我们在分配时间时要掌握的原则就是先做最重要的事，而且要把80%的时间，投入能够产出80%的效益的那20%最重要的事情中。怎样知道我们是不是把80%的时间都用到了最重要的事情上呢？通过记录时间能够发现这个问题。

### 记录时间

人们对时间的感受是很主观的。如果你跟喜欢的人在一起，会觉得时间过得很快，而跟讨厌的人在一起，会觉得时间过得很慢。当我们忙碌的时候，会觉得一天过得非常快，当我们专注于一件工作时，也会觉得时间过得飞快。所以，只凭主观感受，我们不能准确判断时间的长短。只有记录时间，我们才能够真正知道时间的使用情况，从而能够有效地分配时间，把精力最好的时间段分配到最重要的事情上。

#### 记录时间可能遇到的问题

人们都很想知道自己每天都在干什么，用了多长时间，但是实际上往往做不到，因为我们一天中所做的大多数事情是在自动状态下完成的。例如，你想去厕所，你不可能会想着走哪条路线，先迈左脚还是右脚，走多少步，进厕所时，用左手还是右手开门。想要记录并更好地利用时间，需要锻炼发现自己正在做什么的能力。我们前面提到的冥想练习，可以提高我们的自我意识，提高发现自己正在做什么的能力。这可以帮助我们在开始一件事情时启动时间记录，完成时结束时间记录。

### 时间的精确度

我们究竟应该以怎样的精确度来记录时间？按照小时、分还是秒？我们建议，最初可以以30分钟为一个单位来记录时间。之后如果养成了记录时间的习惯，可以以15分钟为一个记录单位，或者使用时间记录软件来记录。记录时间的精确度，取决于我们想通过对时间的记录获得哪些信息。要想获得这些信息，时间记录需要精细到什么程度？你的统计数据，是否要精确到分或者秒？通常，对于时间记录的新手来说，能把时间精确到小时就已经是胜利了。知道自己一天之中工作了几个小时，浪费了几个小时，这就足够了。

### 记录工具

记录时间最方便的是用纸和笔，因为可以随时记录。当然，现在手机上有不少记录时间的软件，比如Timetrack.io。这些软件能够帮助我们快速记录时间，并且能够帮助我们自动统计时间。

### 自我训练

- 购买一个效率手册来手工记录时间。
- 练习用一款软件记录时间，如Atimelogger 2、Timetarck.io等。

### 评估时间

评估时间就是了解如何使用时间。评估时间需要分析我们记录的时间数据，主要需要从下面两方面思考。

### 评估时间的长度

我们是否投入了计划的时间来实现目标？如果没有，为什么没有？找出原因以后要问自己，如何才能让自己投入足够的时间用来实现目标，然后再寻找解决方案。

我们在工作中投入的时间不足，往往是因为把时间用到了其他地方上。这通常有两个原因：一个原因是我们受到外部的干扰，如我们必须把时间用到其他未预期的事情上；另一个原因就是来自内部的干扰。想要提高自己消除内部干扰的能力，可以在受到干扰时先把心中想到的各种念头记录下来，稍后处理。

人有一种习惯，就是喜欢把时间投入想要做的事情上，而不是应该做的事情上。比如，你本来应该读书1小时，但是手机中的游戏吸引了你，你不自觉地把时间用到了玩游戏上。如何才能改掉这个习惯？我们需要提高自我觉察能力，要能够发现我们当前正在做什么，只有发现了，才能去改变，可以通过第五章第六节讲的冥想练习来提高自我觉察能力。

## 自我训练

评估时间的长度，可以参考第二章介绍的工作休息节律记录表。

通过评估，找到自己时间使用方面的漏洞，并改善时间的使用节奏。

| 工作休息节律记录表 | | | | |
|---|---|---|---|---|
| 时间 | 事项 | 分类（工作/休息） | 时长（分钟） | 精力评估（1—10） |
| | | | | |
| | | | | |
| | | | | |
| | | | | |
| | | | | |
| | | | | |
| | | | | |
| | | | | |

### 评估时间的质量

有时候，即使投入足够的时间，我们仍然不能实现目标。这就证明我们的时间使用出了问题。我们虽然投入了足够的时间，但是没有投入足够的精力。有可能是因为我们缺乏有效的休息，导致过度疲劳，也可能是因为我们并没有把精力最好的时间段用到实现目标上。比如，做事情之前，先看一遍手机，把大脑搞得筋疲力尽，然后带着疲惫的大脑去工作，自然效率低下。可以参考第二章第一节的内容，记录精力，找到精力的最佳时间点。

## 自我训练

| 每日工作精力状况统计表 | | | | |
|---|---|---|---|---|
| 时间段 | 事项 | 分类（工作/休息） | 时长（分钟） | 精力评估（1—10） |
| | | | | |
| | | | | |
| | | | | |
| | | | | |
| | | | | |
| | | | | |
| | | | | |
| | | | | |
| | | | | |
| | | | | |
| | | | | |
| | | | | |
| | | | | |
| | | | | |
| 统计 | 工作总时长 | | 工作占上班时间百分比 | |
| | 休息总时长 | | 休息占上班时间百分比 | |
| | 一天精力良好时间段 | | 一天精力较差时间段 | |

参考第三章的练习方法，匹配你的精力和目标。

### 调整行动

根据评估的结果，采取相应的措施来改进你的时间分配。调整行动有四个关键：

- 找到最好、最有精力的时间。
- 把最好的时间用到最重要的事情上。
- 排除来自内部和外部的干扰。
- 投入足够的时间，实现目标。

### 自我训练

请按下面表格的步骤实践。

| 时间管理改变压力表格 | |
|---|---|
| **步骤** | **说明** |
| 设定目标 | 知道自己要做什么 |
| 分配时间 | 预估时间 |
| 记录时间 | 跟踪任务进展 |
| 评估时间 | 根据记录，评估效果 |
| 调整行动 | 根据评估，调整行动 |

# 本章小结

本章我们讨论的是压力和精力的关系，即如何通过改变压力来改善精力的使用状况。本章内容包括：

- 压力的定义。
- 如何评估压力。
- 寻找压力源。
- 压力管理：饮食运动、睡眠管理法、冥想减压法、心理体练习、彭尼贝克写作减压法、ICS减压法、认知改变、时间管理。

第六章

# 专注与自控——掌控精力，开启高效人生

人的精力有限。在一天中，早晨的精力最好，是因为经过了一夜的休息恢复；晚上的精力最差，是因为经过了一天的精力消耗。

人在一天中所做的任何事情都会损耗精力，这些事情包括自动模式下完成的事情，如吃饭、走路、开车等，也包括有意识地努力去做的事情。比如，学习和工作。

要想把精力用好，就要从两个方面去行动：一方面，通过科学的手段控制精力的使用，不要将精力浪费到没有价值的事情上；另一方面，保持专注，把精力用到最重要、最有价值的地方。所以，这一章我们要解决的问题，是如何提高专注力及自控力。

## 第一节　走神与专注力：冥想法提高专注度

人每天都会走神，因为走神是大脑的一种功能。在脑神经科学理论中，走神有一个专门的术语：DMN（默认网络模式）。大脑有两种活动模式，一种是聚焦模式，另一种就是默认网络模式，也叫发散模式。

我们希望在学习和工作中，能够保持专注，而不是进入默认网络模式。那么，通过什么方法能够让我们更专注呢？如果有一种方法能够抑制我们的大脑进入默认网络模式，就能让我们处于专注状态。马萨诸塞大学教授贾德森·布鲁尔发现，大脑中负责调节默认网络模式的神经部位，可以通过冥想来控制。也就是说，通过冥想能够提高专注力。

下面介绍两种能够提高专注力的冥想练习，分别是专注一境冥想练习（有所缘冥想）与无所缘冥想练习。

专注一境冥想练习能够提高我们专注于一件事情而忽略其他事情的能力。威斯康星大学麦迪逊分校的神经科学家理查德·戴维森研究发现，长期做专注一境冥想练习的人，大脑的前额叶皮质和顶叶皮质显示出更高的激活水平。[①]这两个部位恰恰就是管理专注力的部位。

无所缘冥想练习能够提高我们对周围事物变化的觉察能力，和对我们自己行为的觉察能力。也就是说，无所缘冥想练习能够帮助我们发现自己的不专注。当我们处于走神状态时，往往不知道自己在走神。无所缘冥想练习，能够让我们觉察自己的不专注，只有先觉察到这一点，我们才有重新保持专注的可能，才能提高专注力。

| 专注一境冥想练习 | | |
|---|---|---|
| 步骤 | 内容 | 关键点 |
| 第一步：准备 | 找到一个安静的地方，屏蔽干扰<br>定时5分钟<br>保持全身放松<br>闭上眼睛 | 不被干扰的环境 |
| 第二步：专注于一个实物 | 把注意力放到一个物品上，可以是一支钢笔、一枚钱币、你喜欢的一个摆件，或者你随身携带的任何一个物品。 | 一个实物 |
| 第三步：持续关注 | 把你的注意力放到这个物品上，保持持续的关注，不要转移注意力 | 保持关注 |
| 第四步：处理走神 | 你在关注这个物品的过程中，难免会走神。对走神保持接受的态度，等待自己觉察走神的情况 | 接受走神，觉察走神 |

① ［美］理查德·戴维森、［美］沙伦·贝格利著：《大脑的情绪生活》，三喵译，格致出版社、上海人民出版社2019年版。

续表

| 专注一境冥想练习 | | |
| --- | --- | --- |
| 步骤 | 内容 | 关键点 |
| 第五步：回到专注 | 一旦发现自己走神，要接受并保持耐心，把注意力重新放到物体上 | 回到关注 |
| 第六步：结束 | 当听到计时器响起时，结束练习。把思绪慢慢拉回现实 | |

**专注一境冥想自我练习**

每天练习一次专注一境冥想，每次10分钟。

如果一开始觉得10分钟有难度，可以短一些，最短1分钟。

通过练习，如果发现专注力有所提高，每次练习可以延长到20分钟。

练习时间不要超过1小时。

**专注一境冥想扩展练习：一次一事练习**

在一天之中，练习一次只做一件事的能力。通过这种练习，会提高专注力。在生活中，许多人都有一次多事的习惯。比如，吃饭的时候看手机、听音乐、看电视，上厕所的时候看手机，打扫房间的时候听音乐，运动的时候想事情，走路的时候听书……

有些看上去节省时间的习惯，实际上是浪费时间的坏习惯。我们想想看，上厕所的时候看手机，就算是在学习，如背单词，一个星期下来，你可以计算一下，到底多记住了几个单词。这样的习惯不仅没有好的效果，反而有害。上厕所看手机，延长了上厕所的时间，还养成了不集中注意力的坏习惯。很多时候，我们不喜欢一次一事，并不是为了提高效率，而是为了填补寂寞。

在练习的过程中，每次只做一件事。一旦发现自己做了不止一件事，就耐心调整，重新回到一次只做一件事上。

| 无所缘冥想练习 | | |
|---|---|---|
| 步骤 | 内容 | 关键点 |
| 第一步：准备 | 找到一个安静的地方，屏蔽干扰<br>定时5分钟<br>保持全身放松 | 不被干扰的环境 |
| 第二步：保持开放 | 保持你对周围环境的觉察，但是不要把注意力放在环境中的任何地方<br>保持对自己想法的觉察，但是不要把注意力放在任何想法上 | 开放的心态 |
| 第三步：关注但不要专注不放 | 对于大脑中可能会产生的想法或者图像，要给予关注，但不要被这些想法、图像带跑。你只是观察，与你大脑中看到的、想到的保持距离。你只是看到，不要去思考 | 保持距离 |
| 第四步：聚焦于最清晰的想法或图像 | 从进入你大脑的想法或图像中找出最清晰的一个，把全部注意力放在这个想法或图像上，但是不要去思考，只是观察<br>把你注意的对象当成一幅与你关系不大的画去看 | 不要深入思考，只是观察 |

续表

| 无所缘冥想练习 | | |
|---|---|---|
| 步骤 | 内容 | 关键点 |
| 第五步：开阔心灵 | 你能感受到心灵如天空一样开阔，能够接纳任何东西，这些对象不会在你的内心留存，只是经过。这些对象可能是画面，或者声音，或者想法。来了又去，不在你的心中留下痕迹 | 不留痕迹 |
| 第六步：处理变化的注意力 | 当你的大脑中产生新的想法、新的念头、新的对象时，就去关注它们。保持一种观察的姿态，不需要拒绝 | 保持观察 |
| 第七步：结束 | 当计时器响起时，练习结束。让你的思绪慢慢回到当下 | |

## 自我训练

无所缘冥想练习要在专注一境冥想练习熟练以后再进行，如在练习专注一境冥想1个月以后开始。

每天练习一次，每次10分钟。

如果能很轻松地做到每次练习10分钟，可以延长到每次20分钟。

每次练习不要超过1个小时。

# 第二节　用自动行为提高专注力

杰夫·布朗说："你能自动执行的任务越多，便有越多的信息转化为内隐记忆，注意系统的负担就会越轻，你对专注力就会有越大的控制权。"

我们在日常生活和简单工作中消耗的注意力与在深入思考和各种复杂的工作中消耗的注意力，来自同一个资源。注意力的消耗就是精力的消耗。我们可以用培养自动行为的方式来减少注意力资源的消耗，为重要的工作提供更多的注意力资源，也就是精力资源。

如果每天出门时都要考虑带什么东西，或者担心忘记了什么东西，就会无端浪费很多精力。我们可以设计一段辅助记忆的短语来帮助记住出门要带的东西，如"身手钥钱"（伸手要钱）就是指身份证、手机、钥匙、钱包。

外出旅行的时候，设计一个旅行必需品清单。时间长了，这个清单就会固化在大脑中，不需要思考就能在需要的时候自动跳出来，节省精力。

在工作中，可以把经常重复的工作内容设计成一系列的程序化步骤。通过长时间的练习，把这些步骤变成自动的动作，就能节省大量的大脑资源。

例如，图片处理软件Photoshop中，能够把多个步骤组合成一个动作，只要运行这个动作，就能执行一连串的图形处理程序。

又如，苹果手机中有一个“捷径”的功能，可以把几个甚至十几个操作动作结合起来，变成一个动作串，完成更复杂的功能。使用这个功能，就能够节省你的注意力资源，达到节省精力的效果，使你有更多的专注力进行其他重要的活动。假设你有一个灵感想要记录到印象笔记中，就可以设计这样一组动作：

- 录入或者语音输入内容。
- 记录当时的时间，给这段内容起一个名字。
- 把记录的内容保存到印象笔记的一个笔记本中。
- 把这组动作保存成“捷径”。

当你需要的时候，调出这个“捷径”，就可以执行一系列动作。

## 自我训练

- 尝试把每天早晨做早餐设计成一个组合动作。
- 尝试把工作中重复的步骤设计成自动完成的动作。
- 尝试在工作软件中设计自动完成的步骤。

# 第三节　计时法提高专注力：番茄工作法

我们大都经历过考试前的突击复习。考试前的突击复习之所以有效，是因为有截止日期在督促我们，我们才会变得更专注，效率也才会更高。

如果我们想完成一件事情，有没有时间限制，效果大不相同。在这里推荐大家使用番茄工作法来提高效率。番茄工作法[①]是意大利人弗朗西斯科·西里洛在20世纪80年代发明的一种时间管理工具。

**什么是番茄工作法**

番茄工作法，简单而言就是工作25分钟，休息5分钟。在第4个25分钟工作结束后，休息15—30分钟。番茄工作法的每一个25

① ［意］弗朗西斯科·西里洛著：《番茄工作法》，廖梦韡译，北京联合出版公司2019年版。

分钟都是一个截止时间，由此来督促我们在规定的时间内提高工作效率。

当我们投入工作之中，往往会忘记了休息。每到25分钟，番茄钟会提醒我们该休息了。所以，番茄工作法也是一种工作的节奏。

### 番茄工作法适用的对象

番茄工作法适用于那些有大块工作时间的人。如果你的工作需要频繁改变场所，经常改变内容，那么就不适合使用番茄工作法。番茄工作法适合程序员、设计师、学生、作家等人群使用。

### 实施番茄工作法需要的工具

- 计时器。
- 3个表格：今日待办任务表、活动清单、记录表。

### 番茄工作法的5个阶段

使用番茄工作法需要经历5个阶段，见下表：

| 番茄工作法5个阶段 | | |
|---|---|---|
| 阶段 | 时间 | 内容 |
| 规划 | 开始工作之前 | 规划要做的事情，可以是一天要做的，也可以是一个时间段要做的 |
| 收集 | 工作过程中 | 记录一天的番茄钟，包括时间和已经做的工作 |

续表

| 番茄工作法5个阶段 | | |
|---|---|---|
| 阶段 | 时间 | 内容 |
| 整理 | 完成工作后 | 把收集的数据整理成档案 |
| 处理 | 完成工作后 | 对档案进行处理 |
| 分析 | 完成工作后 | 从处理的信息中找到能够改善和调整的地方 |

番茄工作法的5个阶段说明：

**规划**

使用番茄工作法需要进行规划，规划的目的是更好地在限定的时间里完成相应的任务。

规划包括时间规划和任务规划。

一是时间规划。可以把一天的时间分成4个时间段：早晨、上午、下午、晚上。在这4个时间段里，先找到能够实行番茄工作法的时间段，再安排工作内容。

我们要知道，一个番茄钟循环是25分钟工作时间加5分钟休息时间。一组番茄钟循环是4个番茄钟循环，最后一次的休息时间为15—30分钟。

二是任务规划。把任务分解成适合番茄工作时间内可以完成的单元。

如果几个任务都需要不到一个番茄钟循环，那么就把几个任务合起来，凑到一个番茄钟循环内来完成。

如果一个任务需要7个番茄钟循环才能完成，就需要把任务分解。

规划案例：

| 今日待办任务表 | |
|---|---|
| 日期：2020年5月10日 | |
| 事项 | 番茄钟（×） |
| 完成文章《如何管理时间》草稿 | ☒☒□ |
| 回复邮件 | ☒× |
| 编辑文章《精力管理需要的工具》 | □□ |
| 计划外任务/紧急任务 | |
| 订餐 | |
| 接待客户 | |

记录说明：

“番茄钟”一列中有方框，代表计划的番茄钟个数。每一个方框代表1个番茄钟。例如，上述案例中，完成文章，计划3个番茄钟；回复邮件，计划1个番茄钟；编辑文章，计划2个番茄钟……

“计划外任务/紧急任务”下面的订餐和接待客户，都是临时发生的需要做的事情。

“完成文章”一项结束了，用“×”来标明实际使用的番茄钟。我们可以注意到番茄钟实际上只用了2个。

“回复邮件”一项也完成了，但是番茄钟比计划多了一个。

“编辑文章”一项还没有开始。

今日待办任务表可记录的内容很多。例如：

- 当天计划要完成的事项。
- 当天发生的紧急事项，包括临时想起的要做的事。
- 当天实际使用的番茄钟的个数。
- 当天遇到的干扰。

今日待办任务表的使用场景：在番茄任务实施过程中使用。

**收集**

收集就是在番茄钟使用的过程中，记录你的工作过程。

收集工具包括：

- 今日待办任务表。
- 活动清单。

一天之中的数据收集得越准确，对后期的处理帮助就越大。

收集案例：

用今日待办任务表收集。

| 今日待办任务表 | |
|---|---|
| 日期：2020年5月10日 | |
| 事项 | 番茄钟（×） |
| 完成文章《如何管理时间》草稿 | ☒☒☐ |
| 回复邮件 | ☒× |
| 编辑文章《精力管理需要的工具》 | ☐☐ |
| 计划外任务/紧急任务 | |
| 订餐 | |
| 接待客户 | |

上面表格中的“订餐”和“接待客户”，不是计划中的任务，而是在工作过程中出现的新任务。

可以用活动清单表收集。

| 活动清单 | | |
|---|---|---|
| 截止日期 | 事项 | 预测番茄钟数量 |
| 5月31日 | 写项目计划书 | 8 |
| 无 | 打电话联系新客户 | 2 |

上面的表中列出了在工作过程中收集到的2个任务。我们注意到，“写项目计划书”是一个有截止日期的任务，5月31日之前要完成，而且预计需要8个番茄钟。“打电话联系新客户”则没有截止日期。活动清单中收集的任务通常不需要当天完成，而今日待办任务表中收集的任务一般要在当天完成。

活动清单主要用来记录工作进行中临时遇到的任务。这些任务可以根据情况移到当天的待办任务中，也可以安排其他日子完成。

使用活动清单的目的是排除番茄钟使用过程中的各种干扰事项。活动清单类似于GTD时间管理法中的“收集”。

**整理**

整理就是把收集的数据汇总。

整理工具：记录表。

整理的目的：方便我们后期对数据进行分析，让数据为我们以后的工作提供指导和帮助。

整理案例：

| 记录表 | | | | | | | |
|---|---|---|---|---|---|---|---|
| 日期 | 时间 | 活动类型 | 任务 | 预测番茄钟数量 | 实际番茄钟数量 | 误差1 | 误差2 |
| 2020.5.20 | 10:00 | 工作 | 完成文章《如何管理时间》草稿 | 3 | 2 | -1 | |
| 2020.5.20 | 14:00 | 工作 | 回复邮件 | 2 | 3 | 1 | |

我们把前面今日待办任务表中完成的部分整理到记录表中。

我们注意到表格中有标明“误差2”的项目。以“回复邮件”为例。最初预测是需要2个番茄钟，当发现时间不够的时候，如果我们重新预测需要4个番茄，而实际使用了3个番茄钟，这样就产生了第二次误差。

记录表记录的内容：

记录表用来统计当天完成的任务、使用的番茄钟数量等。记录表通常在一天结束的时候使用。

记录表的作用：

记录表用来统计一天的工作。根据统计的结果，调整优化以后的工作。通过记录表可以了解下列问题：

我们设计的工作量（番茄数量）是否合理？

我们的工作效率如何，是否有改进的空间？

当天的工作被打扰的情况如何？能否避免？

当天工作的专注度如何，能否提高？

当天的学习和工作是否有进步？

**处理**

处理是对整理的数据进行加工。比如，我们通过汇总，知道一天一共完成了多少个番茄钟，有多少次被打断，完成了多少个任务，是否按时完成，等等。处理的过程就是从整理的数据中读取信息的过程。

**分析**

分析就是从处理的信息中找出对自己以后的学习和工作有帮助的内容。如果说处理是一个自我观察的过程，那么分析就是自我决策的过程，通过分析决定下一步如何去改进。

**自我训练**

请根据番茄工作法的5个步骤，使用前文介绍的3个表格，记录和整理时间，把番茄工作法应用到学习和工作中。

| 今日待办任务表 | |
|---|---|
| 日期： | |
| 事项 | 番茄钟（×） |
| | |
| | |
| | |
| | |
| | |
| | |
| 计划外任务/紧急任务 | |
| | |
| | |
| | |

| 活动清单 | | |
|---|---|---|
| 截止日期 | 事项 | 预测番茄钟数量 |
| | | |
| | | |
| | | |
| | | |
| | | |
| | | |
| | | |
| | | |
| | | |
| | | |

| 记录表 | | | | | | | |
|---|---|---|---|---|---|---|---|
| 日期 | 时间 | 活动类型 | 任务 | 预测番茄钟数量 | 实际番茄钟数量 | 误差1 | 误差2 |
| | | | | | | | |
| | | | | | | | |
| | | | | | | | |
| | | | | | | | |
| | | | | | | | |
| | | | | | | | |
| | | | | | | | |

# 第四节　自控练习

了解自己很难，管理自己更难。自控，就是自我管理。在精力管理过程中的自控，就是管理自己的精力，不让精力浪费到不重要的事情上，或者说保证精力用在重要的事情上。

要想控制自己，就一定要排除干扰。我们之所以失控，很多时候都是由于各种干扰造成的。干扰我们的因素通常来自两个方面：外部和内部。

## 外部干扰处理

要想减少或避免外部干扰，要做的其实很简单，就是屏蔽各种干扰。我们列出了一个屏蔽外界干扰的表格，读者可以根据自己的情况，从中选用不同的方法。如下所示：

| 外界干扰屏蔽一览表 | | | | |
|---|---|---|---|---|
| 序号 | 干扰 | 屏蔽方式 | 可能遇到的问题 | 解决对策 |
| 1 | 邮件提示 | 1. 关闭提示音<br>2. 定时查看邮件 | 担心重要邮件不能及时看到 | 重要的事情不通过邮件沟通 |
| 2 | 手机来电，手机提示音 | 1. 在学习和工作时关闭手机提示音<br>2. 把工作手机和生活手机分开 | 担心重要电话无法及时接听 | 用软件过滤不重要的电话，只允许重要电话打入 |
| 3 | 桌面摆设（照片、杂物、图书） | 清理桌面（照片、杂物、图书） | 对桌面干扰重视不够 | 提高重视度 |
| 4 | 环境中的噪声 | 1. 戴降噪耳机<br>2. 关上房门<br>3. 请其他人小点声 | | |
| 5 | 办公室往来行人干扰 | 1. 工位上做隔断窗帘<br>2. 拉上百叶窗<br>3. 关上房门，贴上“请勿打扰”的提示 | | |
| 6 | 需要上网的工作，被各种与工作无关的内容干扰 | 集中在一个时间段上网 | 忘记上网的时间 | 设置上网时间提醒 |

## 自我训练

利用下面的表格，看看自己遇到的外部干扰有哪些，统计一下，思考解决的对策。

| 外界干扰屏蔽一览表 | | | | |
|---|---|---|---|---|
| 序号 | 干扰 | 屏蔽方式 | 可能遇到的问题 | 解决对策 |
| 1 | | | | |
| 2 | | | | |
| 3 | | | | |
| 4 | | | | |
| 5 | | | | |
| 6 | | | | |

**内部干扰处理**

内部干扰，就是来自大脑的各种想法和念头对当前学习和工作的干扰。内部干扰通常分三两类，一类是对未来的担心，另一类是对过去的纠结，还有一类是想到其他需要做的事情。

比如，正在工作时想到了结婚买房的事情，或者想到了孩子上学的事情。对于这些未来的事情一时想不出什么解决的方法，就会一直处于担心之中。

如果正在工作时，想到了过去的事情，也会产生干扰。比如，后悔当初没有买房，现在房价太高已经买不起了，这种后悔和自责的情绪就是内部干扰。

要想消除这两类干扰，就需要学习和锻炼回到当下的能力，把注意力拉回到我们正在做的事情上，回到我们应该做的事情上。

锻炼回到当下的能力，有效的方法是冥想练习。冥想练习的方法，我们在第五章第六节已经讲过，可以进行复盘。

还有一类最常见的内部干扰就是正在做事时想到其他需要做的事情，这些临时想起的事情会与当前做的事情争夺大脑的注意力，影响当前的做事效率。学习和工作时受到的大部分干扰都来自这种临时起意。出现这种情况，处理的方法很简单，只要把想要做的事情记录下来，留待当前的事情完成以后再去处理。这种方法被著名的GTD时间管理大师戴维·艾伦叫作“收集”[①]。所以，你需要准备一个笔记本和一支笔，随时记录这些临时想起的问题，也可以记录到手机里。

遇到这种临时起意的事情，最难的就是控制自己不马上去做。这些临时想起的事情抢夺了我们大脑的注意力，往往会让我们觉得很紧急，需要马上处理。实际上，我们在这一刻就是被大脑的杏仁核劫持了，或者说，被我们的情绪绑架了。要想彻底改变这种情况，可以通过冥想练习来改善。威斯康星大学麦迪逊分校的神经科学家理查德·戴维森研究发现，冥想能够让杏仁核安静下来，让我们更不容易被情绪控制。[②]

---

① ［美］戴维·艾伦著：《搞定1：无压力工作的艺术》，张静、谭永乐译，中信出版社2010年版。

② ［美］丹尼尔·戈尔曼、［美］理查德·戴维森著：《新情商》，史耕山、张尚莲译，中信出版集团2019年版。

## 自我训练

每天练习呼吸冥想，用第四章第五节讲的培养习惯的方法培养冥想的习惯。

# 第五节　避免手机干扰

在所有的干扰中，排在第一位的是手机干扰。我们生活中大多数的干扰，都来自手机。苹果公司的CEO蒂姆·库克说，他每天打开手机的次数是200次，这个数字连他自己也没有想到。我们往往在不知不觉中被手机牵着鼻子走。如果你能够掌控手机，就可以说掌控了时间，掌控了自己的大脑，甚至不夸张地说，掌控了你的人生。

当你正在工作时，手机的提示音响了，你的全部注意力立刻被手机吸引，这是大多数人都会遇到的情景。有时候，手机并没有发出提示音，但是很多人会觉得自己的手机铃声好像响了。打开手机一看，什么都没有。尽管如此，既然打开了手机，就不能浪费了这一次机会，于是，很多人就开始随意在手机上浏览。

有时候，即使没有听到手机的提示音，也没觉得手机铃声响，很多人仍然会打开手机。这样做可能仅仅是因为无聊，想填补时间的空白。我们的这种无聊感，恰恰就是手机培养的。当我们打开手机时，看到大量的信息扑面而来，这些信息带着各种诱惑，吸引我们的注意力，让我们觉得生活丰富多彩。打开手机，就好像打开了潘多拉的盒子。

一个想减肥的人，如果周围有食物的诱惑，或者闻到食物的香味，看到食物的视频，往往无法抵抗。手机就像要减肥的人周围的食物诱惑。即使你是以工作为目的，或者以其他你认为很重要的目的打开手机，你也常常会顺便浏览那些不重要但吸引眼球的内容。让人沮丧的是，你花在这些不重要的内容上的时间，远远超过了花在你认为重要的内容上的。因为这些不重要的信息往往更有诱惑力。

计算机科学家、畅销书作者卡尔·纽波特为我们提供了避免手机干扰的方法[①]：

- 找出你手机中可选的App。
- 停止使用这些可选的App 30天。
- 重新在可选的App中找出真正对你有价值的App。

### 找出你手机中可选的App

什么是可选的App呢？就是有没有这个App，不会影响你的正常

① Cal Newport，*Digital minimalism：on living better with less technology*，Penguin，2019.

生活。有些人热衷于玩手机游戏，那么如果没有了手机游戏，一个人能不能正常生活呢？有些人可能会认为不能，而他之所以认为不能，并不是因为游戏对他的生活有什么帮助，而是因为已经成瘾。

很多年以前的手机里没有游戏，人们也活得很好。也就是说，手机游戏并不是我们生活得好的必要条件。卡尔·纽波特之所以要我们找出手机中可选的App，就是要让我们意识到，我们的生活正在被一些对我们并不重要的东西劫持。很多人拿出手机的时候，其实没有任何目的，只是下意识地掏出手机看。这种习惯就是长期使用手机的后遗症，就是大脑的注意力被手机中的App劫持的表现。实际上，手机中的大多数App都不是必需的，如各种新闻客户端，其实用电脑也一样可以看新闻。各种社交软件，在电脑中也一样可以登录使用。甚至电子邮件App也并非必需的，包括手机上的浏览器。谷歌前工程师杰克·纳普就把手机的所有App删掉，只留下照相机、电话、GPS和音乐播放器，并进行了长达6年的实践。他说，尽管手机厂商推出了各种防沉迷的App帮助手机用户，但是能够真正“救”自己的，不是手机厂商，而是用户自己。

### 自我训练

用第二章第三节的手机干扰记录表找到那些影响我们每天工

作、生活的App作为可选的App。

| 手机干扰记录表 | | | | |
|---|---|---|---|---|
| 干扰时间 | 干扰来源（App） | 具体原因 | 重要程度（不重要/重要/非常重要） | 解决对策 |
| | | | | |
| | | | | |
| | | | | |
| | | | | |
| | | | | |
| | | | | |
| | | | | |
| | | | | |
| | | | | |
| | | | | |

### 停止使用这些可选的App 30天

卡尔·纽波特在他的《数字极简主义》中写到，有1600多人参加了他的30天停用手机可选App的活动。其中很多人在开始的1—2个星期感觉很不舒服，但是慢慢就适应了。[①]

之所以要停止使用可选App 30天，是为了给自己留出一段思

① Cal Newport, *Digital minimalism: on living better with less technology*, Penguin, 2019.

考的时间，思考那些真正重要的事情，思考有哪些事情比使用这些App更重要。我们需要从手机中抽离出来，停止无意识的行为，停止对手机上瘾，拯救我们的大好时间。

很多人在实行了停用可选App 30天的计划以后有了很大的变化，如有人在这30天里看了3本书，与更多的人见面沟通，有些人养成了睡前记日记的习惯，有些人重新拿起了乐器，还有人说，自从孩子长大以来，第一次去了图书馆。

这30天是一个很好的停下来的过程，让我们真正思考我们与手机的关系。

### 重新在可选的App中找出真正对你有价值的App

我们停止使用可选App 30天，不是为了彻底不使用数字产品，而是为了重新找回自己，找到真正对我们有价值的App，并且重新思考对这些App的使用，让App给我们带来的价值最大化。比如，对微信的使用。思考在什么时候使用；什么时候回复信息；什么时候发布朋友圈，或者干脆删除朋友圈；是一直在线，还是有选择地在线。微信是大多数人目前使用最频繁的App，占用的时间也最多。如果以每天占用2个小时来算，一周就是14个小时。这是一个很大的数字，相当于每天占用了我们四分之一的工作时间。有些人每天使用微信的时间可能多达4个小时或更多，而且这些时间都是在无意识中消耗的，这非常可惜。所以，如果你的工作必须使用微信，那就需要给微信设定一个更合理的使用方法，比如：

- 屏蔽朋友圈。
- 凡是与工作无关的聊天都设定在固定的时间进行，如午饭后或者晚饭后。
- 删除不必要的公众号和微信群。
- 关闭无关的微信群提醒。
- 关闭不重要的个人提醒。

重新启用可选App，不应该无条件地把停止的App全部启用。决定启用哪些可选App必须慎重，要问自己：我用这个App的目的到底是什么？重新启用App时必须设定使用规则，并严格遵守这些规则。比如，视频App，可以选择每周看一部电影，或者看两集电视剧等。

如果能够成为手机的主人，对人生可能就是重大的突破。

## 自我训练

根据上面的方法，给自己设置一个手机App的使用规则。针对不同的App，可以设定不同的规则，并监督自己对这些规则的执行。

| 手机App使用原则 | |
|---|---|
| App | 使用原则 |
| | |
| | |
| | |
| | |
| | |
| | |
| | |
| | |
| | |
| | |
| | |
| | |

# 本章小结

专注能提高精力的使用效率；自控能防止精力资源被浪费。

提高专注力的方法：

- 专注一境冥想练习和无所缘冥想练习。
- 番茄工作法。

自控练习：

- 防止外部干扰的自控练习。
- 防止内部干扰的自控练习。
- 避免手机的干扰，用30天的时间改变手机可选App的使用。

第七章

# 劳逸结合——找到最优的工作节奏

工作和休息是需要协调的，因为人的精力是有限的。要想让精力能够更好地发挥作用，就需要在精力还没有耗尽之前及时补充。这就像手机电池，如果经常用光了再充电，手机电池的使用寿命会越来越短，最后作废。怎样通过劳逸结合找到最好的工作节奏，是本章讨论的内容。

# 第一节 休息与工作为什么要有节奏

生活要有仪式感，工作要有节奏感。工作的节奏，就是工作与休息的安排。当我们觉得很累时，就是身体在向我们发送信号，告诉我们精力已经消耗得差不多了，提醒我们需要恢复。即使我们从事的是脑力劳动而不是体力劳动，身体同样会觉得很累，因为思考同样会消耗精力。科学研究发现，大脑的重量占人体总重量的2%，却消耗了总能量的20%。可见脑力劳动消耗的能量比体力劳动还大。

工作会消耗精力，但我们可以通过恰当的休息恢复精力。在一天之中，如果因为工作忘记了休息，或者因为工作所迫而不能休息，就会导致精力过度消耗，一旦精力被过度消耗，恢复起来就难了，学习和工作效率也会下降。

很多人都有过长时间工作的体验。有时候因为需要赶一个任务，时间紧迫而没有休息的机会，导致工作结束之后身体极度疲惫，精力难以恢复。人的精力就像弹簧一样，有一定的恢复极限。

如果超出了弹性范围，就会无法恢复。如果保持在极限范围之内，就能保持良好的状态。如果长期处于过度疲劳状态，就很危险。所以，我们需要找到一个合适的工作和休息的节奏。那么，如何找到这个节奏呢？我们可以通过了解自己的工作习惯，找出我们当前工作和休息的特点。需要了解以下方面：

- 我现在是如何消耗我的精力的？
- 在一天之中，什么时候的精力最好？

# 第二节　发现你自己的工作节奏规律

我们可以利用第二章第四节的周精力测试记录表来记录自己一周的精力使用情况，发现自己的精力规律，找到自己精力最好的时段，然后据此来调整我们每天具体的工作安排，把最重要的事情放到精力最好的时间段。

根据第二章第四节的周精力测试记录表实例，我们画出了曲线如下图：

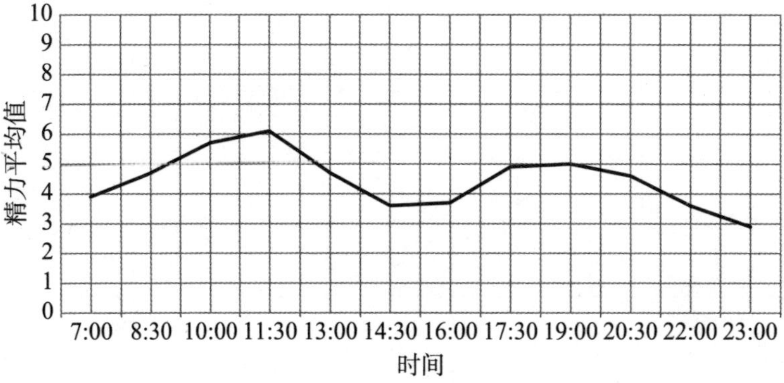


精力曲线

从这个曲线中我们能看到：

记录者一天之中精力最好的时间是：9:30到13:00，20:30到23:00。

## 自我训练——找到自己的精力曲线

填写下面的表格，测试一周之中的精力情况，根据平均值画出自己的精力曲线。

| 周精力测试记录表 | | | | | | | | | | | | |
|---|---|---|---|---|---|---|---|---|---|---|---|---|
| 时间 | 7:00 | 8:30 | 10:00 | 11:30 | 13: 00 | 14: 30 | 16: 00 | 17: 30 | 19: 00 | 20: 30 | 22:00 | 23:30 |
| 周一 | | | | | | | | | | | | |
| 周二 | | | | | | | | | | | | |
| 周三 | | | | | | | | | | | | |
| 周四 | | | | | | | | | | | | |
| 周五 | | | | | | | | | | | | |
| 周六 | | | | | | | | | | | | |
| 周日 | | | | | | | | | | | | |
| 平均值 | | | | | | | | | | | | |

为什么要记录一周？因为某一天的记录可能会受到各种意外因素的干扰而不具代表性，通过一周的记录，我们可以计算出平均值，找出比较靠谱的规律。

评估这条精力曲线的准确性，我们还要参考其他表格中的数据，包括：

- 周健康饮食记录表；
- 周运动记录表；
- 周入睡醒来记录表。

## 自我测试——记录饮食、运动、睡眠

根据实际情况，填写周健康饮食记录表。

| 周健康饮食记录表 | | | | | |
|---|---|---|---|---|---|
| 时间 | 餐别 | 碳水化合物 | 蛋白质 | 蔬菜水果 | 水/饮料 |
| 周一 | 早 | | | | |
| | 中 | | | | |
| | 晚 | | | | |
| 周二 | 早 | | | | |
| | 中 | | | | |
| | 晚 | | | | |

续表

| 周健康饮食记录表 | | | | | |
|---|---|---|---|---|---|
| 时间 | 餐别 | 碳水化合物 | 蛋白质 | 蔬菜水果 | 水/饮料 |
| 周三 | 早 | | | | |
| | 中 | | | | |
| | 晚 | | | | |
| 周四 | 早 | | | | |
| | 中 | | | | |
| | 晚 | | | | |
| 周五 | 早 | | | | |
| | 中 | | | | |
| | 晚 | | | | |
| 周六 | 早 | | | | |
| | 中 | | | | |
| | 晚 | | | | |
| 周日 | 早 | | | | |
| | 中 | | | | |
| | 晚 | | | | |

评估标准：

可以根据《中国居民膳食指南（2016）》标准。

- 每天饮食种类不少于12种，每周不少于25种，不包括调料。
- 每天吃4种以上的蔬菜水果。

- 每天吃主食、蛋白质。
- 每天吃豆类。
- 每周吃4—7个鸡蛋。
- 每周吃5份以上的畜禽肉。
- 每周吃5份鱼。
- 少盐少糖。
- 少喝酒（每天不超过25克）。
- 多喝水（8杯）。

根据实际情况，填写周运动记录表。

| 周运动记录表 | | | | | | |
|---|---|---|---|---|---|---|
| 时间 | | 运动类型 | 运动时长（分钟） | 运动地点 | 感受 |
| 周一 | 早 | | | | |
| | 中 | | | | |
| | 晚 | | | | |
| 周二 | 早 | | | | |
| | 中 | | | | |
| | 晚 | | | | |
| 周三 | 早 | | | | |
| | 中 | | | | |
| | 晚 | | | | |
| 周四 | 早 | | | | |
| | 中 | | | | |
| | 晚 | | | | |

续表

| 周运动记录表 | | | | | |
|---|---|---|---|---|---|
| 时间 | | 运动类型 | 运动时长（分钟） | 运动地点 | 感受 |
| 周五 | 早 | | | | |
| | 中 | | | | |
| | 晚 | | | | |
| 周六 | 早 | | | | |
| | 中 | | | | |
| | 晚 | | | | |
| 周日 | 早 | | | | |
| | 中 | | | | |
| | 晚 | | | | |

评估标准：

根据《中国居民膳食指南（2016）》标准。

- 每天完成基础运动量（相当于6000步）。
- 每天至少10分钟有氧运动（快走、慢跑等）。
- 每周完成150分钟的中等强度运动。
- 每小时起来活动一下。

| 周入睡醒来记录表 | | | |
|---|---|---|---|
| 时间 | 入睡 | 醒来 | 睡眠时长 |
| 周一 | | | |
| 周二 | | | |
| 周三 | | | |

续表

| 周入睡醒来记录表 | | | |
|---|---|---|---|
| 时间 | 入睡 | 醒来 | 睡眠时长 |
| 周四 | | | |
| 周五 | | | |
| 周六 | | | |
| 周日 | | | |
| 平均 | | | |

周入睡醒来记录也可以用手机App来做，如苹果手机就有内置的睡眠记录程序。

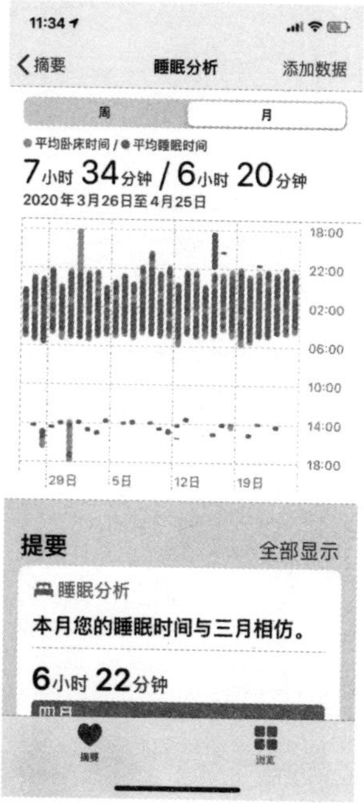

评估标准：

每天睡眠时间不少于7小时，也可以根据自己白天的工作状态，以白天不困为标准。

## 自我训练——记录自己的生活节奏

实际的生活节奏记录，参考第二章第二节工作休息节律记录表。

| 工作休息节律记录表 | | | | |
|---|---|---|---|---|
| 时间 | 事项 | 分类（工作/休息） | 时长（分钟） | 精力评估（1—10） |
| | | | | |
| | | | | |
| | | | | |
| | | | | |
| | | | | |
| | | | | |
| | | | | |
| | | | | |
| | | | | |
| | | | | |
| | | | | |
| | | | | |

我们将周精力测试记录表与工作休息节律记录表进行比较，就能够发现我们工作和生活的节奏是否合理。根据比较的结果，我们

可以调整自己工作和休息的节律。

现在，已经知道了我们的精力在一天的分布规律，也知道了我们使用精力的习惯，下面要做的，就是科学地分配精力。在研究如何分配精力之前，我们还要做一件事情，那就是明确应该使用哪些休息的方式，让我们能够更好地恢复精力。

## 第三节　休息的节奏

应该怎样休息，才能够更好地恢复精力？我们在这里列出一个休息方法一览表，适合在不同的场合下恢复精力：

| 休息方法一览表 | | |
|---|---|---|
| 休息名称 | 用时（分钟） | 适用时间 |
| 咖啡盹 | 25 | 午间休息时 |
| 深呼吸 | 2 | 情绪不好时、工作间隙 |
| 听音乐 | 5—30 | 工作间隙、饭后 |
| 散步 | 5—30 | 工作间隙、饭后 |
| 有氧运动 | 10—30 | 非工作时间（在家或者户外） |
| 瑜伽 | 10—30 | 早晨、晚上（在家或健身房） |
| 晨间呼吸冥想 | 10—30 | 早晨起床后 |
| 吃饭 | 30 | 早晨、午间、晚上 |
| 健脑游戏（如数独） | 10 | 工作间隙 |

休息方法说明：

### 咖啡盹

这种方法就是睡午觉之前喝一杯咖啡，睡20分钟起来时咖啡就开始起作用了。这时你的精神状态非常好，可以开始集中精力工作。通常建议这种方法在下午使用，因为下午我们的精力要比上午差一些。通过小睡和喝咖啡，为我们恢复精力。

### 深呼吸

深呼吸通常可以在工作的间隙进行。有时我们工作得特别专注，呼吸可能就会变慢变浅。通过深呼吸，可以给我们的大脑提供更多的氧气，让我们的精力得到恢复。另外，当我们心情不好时，深呼吸也能帮助我们改善心情。

### 听音乐

听音乐可以让我们的大脑得到充分的休息，最好听没有歌词的纯音乐，对大脑的恢复效果更好。古典巴洛克音乐对记忆有帮助。可以事先在手机里建立合适的音乐清单。

### 散步

散步是很好的休息方式。可以到户外散步，呼吸新鲜空气，看看大自然中的绿色植物。如果没有条件，也可以在房间里散步。散步的时候，不要去思考工作的内容，要彻底放松。散步时人的大脑会启动默认网络模式，也就是发散思维模式，所以散步是灵感产生的绝佳时机。这时如果有什么灵感，可以马上记录下来。很多科学家的灵感都是在散步时产生的。

**有氧运动**

有氧运动可以锻炼大脑，所以每周安排几天进行有氧运动对于大脑的恢复有很好的帮助。

**瑜伽**

瑜伽是一种有益的练习。可以每天或者在一周间歇练习。即使你不做瑜伽，只是在每天空闲的时候拉伸身体，也会有很好的效果。脑科学专家约翰·雅顿建议，在空闲的时候可以把双手举过头顶，然后弯腰用双手去接触地面，再起身。这样简单的拉伸就能增加心脏和大脑的供氧，让你的精神为之一振。

**晨间呼吸冥想**

早晨起床后进行冥想会对一天的状态有很好的帮助作用，让大脑从积极的状态开始新的一天，保持旺盛的精力。冥想的练习方法，可以参考第五章第六节。

**吃饭**

吃饭是很好的休息的时机。吃饭的时候要专心，不要看电视或者看手机，让大脑从各种繁忙的事务中停下来，专注于吃饭这一件事。每天利用吃饭的时机来恢复大脑状态，是一种智慧。吃饭的时候可以与家人或者朋友沟通聊天，聊天的过程也是大脑放松的过程。

**健脑游戏**

在工作的间隙，或者午间休息的时候，可以玩一下健脑的游戏，也有助于脑力恢复。比如，玩数独游戏，或者下一盘棋。

**自我训练**

从前面的休息方法一览表中选择适合自己的方法，运用到实际生活中。找到适合自己的休息方法，填写下表：

| 休息方法一览表 | | |
|---|---|---|
| 休息名称 | 用时（分钟） | 适用时间 |
| | | |
| | | |
| | | |
| | | |

续表

| 休息方法一览表 | | |
|---|---|---|
| 休息名称 | 用时（分钟） | 适用时间 |
| | | |
| | | |
| | | |
| | | |
| | | |

# 第四节　高效工作节奏

## 高效工作节奏：52/17节奏

52/17节奏是DESKTIME公司通过疏理大数据总结发现的一个高效工作休息的节奏。这个节奏就是每工作52分钟，休息17分钟。

我们可以把52/17节奏看成番茄工作法节奏的一种变化，只是延长了工作时间和休息时间。

DESKTIME公司是一家为企业和个人提供服务的时间统计公司。它提供的软件，能够统计员工的时间使用情况。DESKITIME公司统计发现，那些最有效率的员工普遍采用了工作52分钟，休息17分钟的节奏。

美国前副总统戈尔及白宫行政部门演讲撰稿人、被誉为未来学家的丹尼尔·平克在他的《时机管理》[1]一书中，引用了DESKTIME

① ［美］丹尼尔·平克著:《时机管理》，张琪译，浙江教育出版社2018年版。

公司的这个大数据分析结果。如果你经常会有大块的时间可供使用，你也可以试试52/17节奏。

### 高效工作节奏：15/45/90节奏

日本时间管理达人桦泽紫苑发明了15/45/90的节奏①，这是以人保持专注力的时间为根据发明的。15/45/90节奏也可以看成番茄工作法的变化。

桦泽紫苑认为，一个人能够集中专注力的最长时间是15分钟。为什么呢？我们知道，一场古典音乐会每15分钟会有一个小的休息。也就是说，听众能够在15分钟内保持专注，如果时间长了，可能就会疲劳。

飞机的雷达监控人员有一个“20分钟效应”。这些人员如果监控雷达超过20分钟，注意力就会分散。我们都知道雷达监控的重要性，做这种工作时如果走神，可能会造成非常严重的后果。因此，桦泽紫苑认为，人的专注时间不会超过20分钟，而15分钟是一个最好的时间段。

45分钟是一堂课的时长。我们知道，在一堂课当中，老师不会一直讲45分钟，而是会把45分钟划分成几块来讲课。桦泽紫苑认

① ［日］桦泽紫苑著：《为什么精英都是时间控》，郭勇译，湖南文艺出版社2018年版。

为，一堂课相当于3个15分钟，每个15分钟为一个小节，老师讲课的时候，应该以每15分钟为一个小节的节奏来进行。每进行15分钟的时候，用1—2分钟来稍作停顿，可以讲讲笑话或者其他轻松的话题，然后进行下一个15分钟。这相当于把番茄工作法的工作和休息时间变成了工作14分钟，休息1分钟。

90分钟是两个45分钟。桦泽紫苑认为，在两个45分钟之间，需要一个较长的休息。我们知道，足球比赛就是两个45分钟，中间会休息15分钟。

我们可以这样理解桦泽紫苑的时间节律：对于一项学习或者工作任务而言，保持专注最重要。以15分钟为一个单元，是为了让人在学习和工作时保持专注。每过15分钟，要让自己从学习和工作中抽离一会儿，也就是停下来。这个停下来并不是很多人想象的那种到处转悠，而是让自己的大脑稍作休息，目的是在下一个15分钟更专注。经过了3个15分钟的学习或工作，有一个稍微长的休息，如10分钟或者15分钟。然后启动下一个15分钟。这个模式与番茄工作法很像，只是时间的节点不同，番茄工作法是以25分钟为一个单元，4个25分钟为一组。番茄工作法的强度要大一些。

## 自我训练——52/17节奏

| 52/17节奏表 | | | | |
|---|---|---|---|---|
| 日期： | | | | |
| 时间 | 工作内容 | 工作时长 | 休息时长 | 休息方法 |
| | | | | |
| | | | | |
| | | | | |
| | | | | |
| | | | | |
| | | | | |
| | | | | |
| | | | | |

## 自我训练——打造自己的最优时间长度节奏

我们在本节讲了52/17节奏和15/45/90节奏，在第六章讲了番茄工作法，读者可以根据自己的情况来设定自己的节奏。我们可以发现，这3个工作法的节奏有一定的相关性。

番茄工作法是以25分钟为一个时间段。我们可以把52/17方法的52分钟看成两个番茄钟组合成的一个时间段，而桦泽紫苑的15/45/90中的15分钟差不多是半个番茄钟的时间。

我们可以根据自己工作时被打扰的情况，分别采用适合的方法。如果经常被干扰，可以考虑采用15分钟为一个单元的节奏，如果有大块的时间，可以考虑使用25分钟或者52分钟为一个单元。如果是写作之类的工作，可能用52分钟为一个单元更好。因为每一次停下来时，都有可能受到其他的干扰而导致停下来的时间过长，浪费时间。

## 自我训练——打造自己的最优时间段节奏

我们在第二节记录了我们的精力节奏，现在需要做的，就是把重要的事情，放到精力好的时间段去做。那么，哪些是重要的事情呢?

- 规划项目。
- 写作。
- 处理重要的电话、邮件。
- 思考重要问题。
- 解决重要问题。
- 学习重要的技能。

精力不好的时间段，我们可以安排下面这些工作：

- 收集资料。
- 收发日常邮件。

- 回复手机信息。
- 整理资料。
- 编辑文章。
- 购买物品。

# 本章小结

本章我们讨论的是工作的节奏，也就是如何合理地安排工作和休息。

工作之所以需要有节奏，是因为我们的精力需要恢复，恢复的时机是在精力还没有过度消耗的时候。

要想有一个科学的工作休息节奏，首先需要知道自己目前的节奏。我们可以通过填写前文提到的表格来找到自己当前的工作休息的特点。

有三种工作休息的节奏可供选择。

番茄工作法：工作25分钟，休息3—5分钟，工作4个25分钟，休息15—30分钟。

52/17节奏：工作52分钟，休息17分钟。

15/45/90节奏：以15分钟为一个单元的工作节奏，每15分钟休息1—2分钟，每45分钟休息15分钟。其根据是15分钟是一个人保持专注的最长时间。

根据自己的实际情况，找到适合自己的工作休息节奏。

第八章

# 思维精力——重塑不疲倦的大脑

运动会让身体疲劳，思考也会让大脑疲劳。但是，通过运动能够锻炼身体的耐力，让身体不容易疲劳。一个马拉松运动员通过调整自己跑步的节奏，可以让自己很好地完成整个比赛。

同样，大脑精力也可以通过锻炼得到改善，通过合理使用大脑，使大脑能够维持更长时间的思维精力。本章我们讨论的就是如何让大脑有更好的思维精力。

# 第一节　大脑为什么会疲劳

我们先做一个简单的测试，测试你的大脑疲劳程度。

给自己设定一个时间，如10分钟，然后用眼睛盯着自己熟悉的某个物品，可以是一支笔，或者鼠标，或者你身边的其他物品。当你发现自己走神时，就停下来，看看经过了多长时间。这个时间就是你不疲劳并保持专注的时间。

我们的大脑专注于一个对象的时间长度是有限的。如果时间长了就会感到疲劳。当大脑感到疲劳时，就会走神。大脑是人体中最容易疲劳的器官。在人体器官中，大脑的能量消耗最大。占人体整个重量2%的大脑，要消耗人体总能量的20%。所以，大脑是一个消耗能量的“大户”。

那么，大脑的能量消耗在哪里呢？

在一天所有的活动中，包括在吃饭、走路、看手机、工作、闲聊等过程中，大脑的能量一直没有停止消耗。思考需要消耗大脑的能量，不思考也需要消耗。当我们坐在一个地方发呆时，大脑看似没思考，但实际上大脑中的默认网络已启动，大脑仍然在忙个不停。即使是在睡眠中，大脑也在消耗能量。人体具有的能量是一定的，把越多的能量消耗在没有价值的事情上，那么我们投入有价值的事情上的能量就越少。

既然大脑是一个容易疲劳的器官，那么，我们怎样才能让大脑保持更好的状态呢?

- 我们需要让大脑在还没有疲劳的时候得到及时的休息。
- 我们需要一些“自动化”程序，让大脑更节能。
- 我们需要给大脑及时补充能量，保证大脑的能量供给。
- 我们需要根据大脑的特点安排大脑的使用方式。
- 我们需要通过锻炼，让大脑更有思维精力，更不容易疲劳。
- 我们需要建立一些仪式感，让大脑维持更好的状态。

除此之外，再推荐一些大脑非常喜欢的事：

| | | |
|---|---|---|
| **彩色** | 彩色会提升大脑的认知与分析能力，有效提升记忆力 | 平时多用五颜六色的东西 |
| **喝水** | 人体最怕缺水，一旦缺水，注意力就会下降，大脑运转就会低效 | 多喝水，尤其是在用脑过度时要及时补水；做决定之前，也可以先喝一杯水 |
| **运动** | 当我们运动时，相应的大脑区域会更加活跃 | 沮丧时不妨出去跑跑步<br>抑郁时骑30分钟自行车<br>来到一个新环境时，可以尝试一些对抗性运动<br>感到无聊时，试试击剑运动 |

续表

| | | |
|---|---|---|
| 宽敞的环境 | 狭小的空间会让心情变得压抑，而消极情绪会对大脑产生负面影响 | 你的工位很小，怎么办？大办公室不是你想要就能有的，那么试着多出去走走，眼睛看到的东西越多，对大脑的刺激越大，大脑的运转速度也会越快 |

# 第二节　怎样让大脑更好地休息

康奈尔大学心理学教授大卫·勒维斯基表示，即便一个人躺在那里什么也不做，大脑依然会消耗20%的能量。试想一下，当你从事高强度的脑力劳动时，或者当你处于焦虑、苦闷等消极情绪中时，脑力消耗会有多么惊人。

因此，一旦大脑累了，就需要及时放松，找到适当的休息方法，否则效率就会直线下降。在休息方法一览表中，我们列出了大脑休息的方法供读者选择，如下所示：

| 休息方法一览表 | | |
|---|---|---|
| 休息名称 | 用时（分钟） | 适用时间 |
| 咖啡盹 | 25 | 午间休息时 |
| 深呼吸 | 2 | 情绪不好时、工作间隙 |
| 听音乐 | 5—30 | 工作间隙、饭后 |
| 散步 | 5—30 | 工作间隙、饭后 |
| 有氧运动 | 10—30 | 非工作时间（在家或者户外） |

续表

| | | |
|---|---|---|
| 瑜伽 | 10—30 | 早晨、晚上（在家或健身房） |
| 晨间呼吸冥想 | 10—30 | 早晨起床后 |
| 吃饭 | 30 | 早晨、午间、晚上 |
| 健脑游戏（如数独） | 10 | 工作间隙 |

可以根据自己的时间使用情况和爱好，采用恰当的休息方式。

**大脑休息的误区**

很多人采用的休息方式，效果适得其反。以为大脑获得休息了，实际上却让大脑陷入了更疲劳的状态，比较常见的一是看电视或者视频，二是看手机。

如果是看电视剧，很容易控制不住时间。因为电视剧会在每一集的最后设计一个吸引你继续看下去的“陷阱”，让你一集接一集地往下看。有很多成功人士的家里都没有电视，因为他们都知道，看电视非常浪费时间和精力。

当然，并不是所有的电视节目都会让大脑更疲劳。比如，看一些风光纪录片或者看一些完整的短片就能让大脑得到放松。问题是，我们在看这些能让大脑休息的短片的同时，会被其他让大脑疲劳的节目吸引。许多人缺乏区别对待的能力，电视台恰恰就是利用了我们的这种弱点。

手机已成为现代人使用最频繁的工具，但手机也是一个让人又爱又恨的工具。手机里面有很多有用的东西，同时也有大量浪费时间的内容。用手机来听音乐、看书、练习冥想、运动，这些都是对大脑放松有帮助的事情，但同时手机里的各种视频、各种花边新闻、各种吸引眼球的广告又会让我们的大脑进入疲劳的状态。

要想避免电视和手机的干扰。可以从以下三个方面来做：

- 把工作用的手机和娱乐用的手机分开。
- 给自己的娱乐设定时间限制，并严格遵守。
- 练习冥想，提高觉察能力，从根本上解决电视和手机的干扰问题。

## 自我训练

请根据休息方法一览表中提供的休息方法，选择适合你的方法进行实践。经过一段时间的实践之后，记录对你最有效的方式。

| 休息方法一览表 | | |
|---|---|---|
| 休息名称 | 用时（分钟） | 适用时间 |
| | | |
| | | |
| | | |
| | | |
| | | |

续表

| 休息方法一览表 | | |
|---|---|---|
| 休息名称 | 用时（分钟） | 适用时间 |
| | | |
| | | |
| | | |
| | | |
| | | |
| | | |
| | | |

## 第三节　让大脑不疲劳：自动化

大脑之所以会疲劳是因为思考。学习和工作都必须用到大脑的思考功能。但是有很多思考可以通过练习变成自动的动作，这样就会减少大脑的负担。

大脑喜欢把事情自动化。比如，我们学习驾驶，就是一个实现自动化的过程。开始学习时，大脑要想着如何刹车、如何加油、如何换挡、什么时候停车等，一旦熟练了，这些就变成了自动的行为，基本不用大脑思考了。

这样的自动行为越多，大脑就有越多的空间去思考更重要的事情。所以，自动化练习可以减轻大脑的疲劳。我们可以把学习和工作中的很多事情都变成自动的过程，把每天经常做的事情程序化、清单化。可以参考下面的例子：

| 重要的事 | 备注 |
| --- | --- |
| 随身物品 | 身份证、手机、钥匙、钱包 |
| 查看邮件 | 每天早上到公司的第一件事 |
| 制订当日计划 | 开启忙碌的一天 |
| 提醒领导 | 每天在固定的时间提醒领导 |

这个表格最好在每天早晨列出来，这样就可以让一天的重要事项有一个指南，节省大脑资源。接下来，我们以写作清单为例。

如果你喜欢写作，可以通过列清单的方式让大脑实现自动化。著名的写作指导专家劳拉·布朗就有一个非常有效的写作清单，劳拉称这个清单是“写作轮盘”[①]。

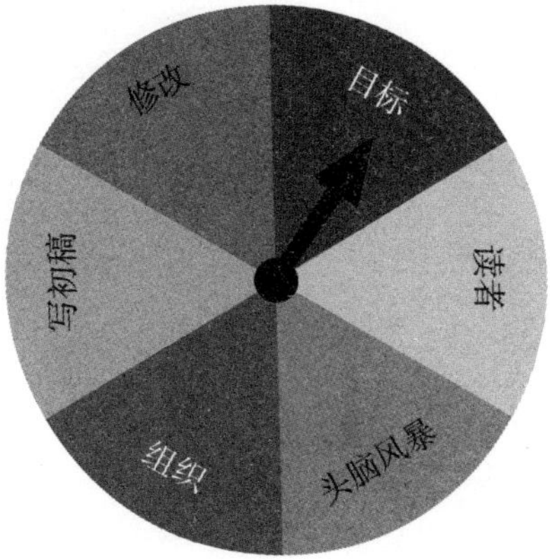


当你开始写作时，可以从这个轮盘的任何一个地方开始，如从

① ［美］劳拉·布朗著:《完全写作指南》，袁婧译，江西人民出版社 2017 年版。

组织开始。想一想你要写的东西由哪些部分组成。如果你的脑子里有很多东西要写，也可以从写初稿开始，或者从头脑风暴开始。这样的方式可以让你的大脑直接启动写作模式。如果你的大脑中有写作的思路，就可以从组织开始；如果没有思路，但是有很多想写的东西，就从写初稿开始；如果写不下去，没有思路了，可以进行头脑风暴。

我们上面举的例子是为了让大家打开思路。自动化可以避免大脑不必要的精力消耗。你可以根据需求，建立自己的工作自动化模式和生活自动化模式。建立自动化模式不可以急躁。慢慢来，从一件小事的自动化开始，完成之后，逐渐扩展到其他事情上。

## 自我训练

请根据前面的清单案例，建立你的各种自动化清单，并加以实践。接下来，试着用每日重要事项规划清单规划一天的重要工作。

| 每日重要事项规划清单 | | |
|---|---|---|
| 重要事项 | 投入的时间 | 备注 |
| | | |
| | | |
| | | |
| | | |

续表

| 每日重要事项规划清单 | | |
|---|---|---|
| 重要事项 | 投入的时间 | 备注 |
| | | |
| | | |
| | | |
| | | |
| | | |

如果你喜欢写作，试着列一张写作清单。

| 写作清单 | |
|---|---|
| 内容 | 说明 |
| 目标 | |
| 读者 | |
| 头脑风暴 | |
| 组织 | |
| 写初稿 | |
| 修改 | |

如果你想提升自己的时间管理能力，试着列一张碎片时间清单，这样一来就不会在空闲的时间发呆了。可以提高时间的使用效率，减少大脑资源的浪费。例如，你每天上午10点有30分钟的空闲时间，根据工作性质，你觉得这段时间应该用来跟客户沟通，那么将这一安排列在表格上，然后形成习惯，这样就可以实现自

动化，每天到这个时间，你就会自动去跟客户沟通，而不会再发呆了。

| 碎片时间清单 | |
|---|---|
| 时间段 | 做什么 |
| 10:00—10:30 | 与客户沟通，确认进度 |
| | |
| | |
| | |
| | |
| | |

## 第四节　让大脑不疲劳：能量供应

仅占人体重量2%的大脑，却需要消耗人体20%的能量，这是因为在我们的大脑里面有无数的神经元细胞，每一个神经元细胞都由一个“小型发电厂”提供能量。这么多细胞所需的能量到底从何而来呢？也就是说，大脑靠什么供给能量呢？

答案就是大脑中的葡萄糖。如果平时在饮食中忽略了这一点，轻则思维迟缓、头晕目眩，严重者还会出现昏迷、惊厥的现象。

可见，及时为大脑补充能量是多么重要。为大脑补充能量要遵守下面的4个原则：

- 营养均衡。既要补充蛋白质、碳水化合物，又要补充蔬菜水果，营养要优质和均衡。
- 复杂碳水化合物好于简单碳水化合物。
- 保持适度的饥饿。
- 形成自己的营养补充节奏。

脑神经科学家丹尼尔·亚蒙指出，让大脑保持不疲劳的状态，提供稳定的血糖供应是关键[①]。

| 有利于大脑的优质食物清单 | | |
| --- | --- | --- |
| 食物类型 | 食物名称 | 备注 |
| 不饱和脂肪 | 鳄梨，橄榄油，菜籽油，坚果（杏仁、腰果、开心果、核桃），红花籽油，玉米油，鱼类 | 健脑营养 |
| 复合碳水化合物 | 水果（苹果、橘子、桃子、樱桃、蓝莓、柠檬等），蔬菜，豆类，全麦面包，糙米，小米 | 保持血糖水平稳定 |
| 精益蛋白质 | 去皮鸡肉，各种豆类（黑豆、鹰嘴豆等），豆腐，鱼类，蛋清 | 保持持续的营养供应 |

注：表格中的食物参考丹尼尔·亚蒙的《健康脑》。

| 不利于大脑的食物清单 | | |
| --- | --- | --- |
| 食物类型 | 食物名称 | 问题 |
| 糖类、高碳水化合物 | 糖、巧克力蛋糕、薯片、炸薯条、含糖饮料、甜甜圈、白米饭、白面包、面条 | 使大脑血糖达到峰值，然后瞬间下降 |
| 饱和脂肪、反式脂肪 | 红肉（牛肉）、蛋黄、全脂牛奶、奶昔、人造黄油、培根、炼乳、奶酪 | 容易形成斑块，导致大脑血流变少 |

注：表格中的食物参考丹尼尔·亚蒙的《健康脑》。

① ［美］丹尼尔·亚蒙著：《健康脑》，苗士伟、权大勇译，浙江人民出版社2018年版。

## 自我训练

请参考上面的有利于大脑的食物清单和不利于大脑的食物清单，结合自己的实际情况，建立你的最优饮食清单。

| 最优饮食清单 | | |
|---|---|---|
| 食物类型 | 食物名称 | 备注 |
| | | |
| | | |
| | | |
| | | |
| | | |
| | | |
| | | |
| | | |

# 第五节　让大脑不疲劳：莫法特休息法

大脑有两种工作模式：专注模式（focused mode）和发散模式（diffuse mode）。[①]

即使我们什么都不想的时候，大脑仍然在工作，大脑中会有各种画面和想法出现，这就是大脑的发散思维模式。

大脑从来不会停止工作，甚至在我们睡觉的时候，大脑依然在忙碌着，只不过方式不同。大脑在专注模式和发散模式之间不断切换。所以，怎样让大脑得到更好的休息，实际上就是怎样合理地让大脑在不同的工作模式之间切换。莫法特休息法就是这样一种让大脑在不同模式下切换的方法。

以下5种切换方式可以获得更好的效果。

① ［美］芭芭拉·奥克利著：《学习之道》，教育无边界字幕组译，机械工业出版社2016年版。

**1.工作与娱乐交替**

当我们工作时大脑一直处于专注模式，等到休息时可以听听音乐，让大脑进入发散模式。

**2.动静交替**

我们在学习和工作时通常都是坐在桌子前，我们可以时不时站起来，动一动，这就是动静交替。

**3.脑力体力交替**

在用脑工作一段时间后，做一些不用动脑筋，只需要耗费体力的工作，或者工作一段时间之后做一些肢体伸展运动，通过这样的切换让大脑得到休息。

**4.抽象具象交替**

在使用大脑时，通过交替思考抽象的问题和具象的问题，让大脑得到休息。比如，进行一段时间的理论研究之后，欣赏一下图片或者看看视频。

**5.改变角度**

从不同的角度去研究同一个问题，也能让大脑转换工作模式。比如，写作一段时间之后进行头脑风暴。

每个人的生活习惯不同，工作和休息的方式也不一样。我们通过学习莫法特休息法，可以找到适合自己的休息模式，重要的是形成自己的工作和休息的节奏。

## 自我训练

请使用下面的表格建立自己工作和休息的节奏，并加以实践。

| 莫法特工作休息清单 | | |
|---|---|---|
| 莫法特方法 | 工作1 | 工作2（休息） |
| 工作与娱乐交替 | | |
| | | |
| | | |
| 动静交替 | | |
| | | |
| | | |
| 脑力体力交替 | | |
| | | |
| | | |
| 抽象具象交替 | | |
| | | |
| | | |
| 改变角度 | | |
| | | |
| | | |

# 第六节　让大脑强壮：锻炼大脑的耐力与专注力

传统观点认为，人成年后，大脑就不再生长了。埃莉诺·马圭尔颠覆了这个观点。

埃莉诺·马圭尔是伦敦大学的神经科学家。她曾经对伦敦的一些出租车司机做了一项迄今为止最详细的实验[①]。在出租车司机接受培训之前，她测量了这些司机大脑的大小。培训之后再测量发现，这些出租车司机大脑的海马体变大了。也就是说，这些出租车司机的大脑在成年以后又长大了。

伦敦的街道以复杂著称。道路之间到处是奇怪的夹角，没有标准的东南西北走向。而且如果想成为伦敦的出租车司机，必须经过数年的练习和考核。马圭尔发现这些经过训练的出租车司机的海马体之所以变大，就是因为这种高强度的记忆训练造成的。也就是

① Maguire, Eleanor, A., Gadian, David, G., *Navigation-related structural change in the hippocampi of taxi drivers*, *PNAS*, 97（8）, 4398-4403（2000）, https://www.pnas.org/content/pnas/97/8/4398.full.pdf.

说，大脑经过锻炼可以变强。

那么，应该如何锻炼来让大脑变强呢？锻炼大脑通常有以下三种方法：

- 运动。
- 冥想。
- 有意义的体验。

**运动如何改变大脑**

美国伊利诺伊大学厄巴纳－香槟分校的心理学教授亚瑟·克雷默研究发现，每周3次、每次30分钟中等强度的运动，能很好地提升并保持脑力。加州大学欧文分校的希瑟·奥利夫研究发现，大脑之所以发生增长，是因为脑源性神经营养因子在起作用。这种物质能促进神经元的连接和生长，促进海马体的改变。而运动则能够提高大脑中的毛细血管的工作能力，促进脑源性营养因子的传输①。

**冥想如何改变大脑**

威斯康星大学麦迪逊分校的神经科学家理查德·戴维森针对

① ［美］杰夫·布朗、［美］马克·芬斯克、［美］莉斯·内伯伦特著：《脑力升级手册》，黄珏苹译，浙江人民出版社2018年版。

冥想与大脑的关系，做了长达30多年的研究。他通过磁场脑电图（MCG）测量法发现，冥想能够改善人的专注力。这种改善表现在以下5个方面：

● 冥想能改变大脑的选择性注意力。也就是说，冥想能提高大脑专注于某一个具体的对象而忽略其他对象的能力。

● 冥想能改变警觉注意力。也就是说，冥想能让人持续专注于同一个对象的能力变强。

● 冥想能改变分配性注意力。就是说，冥想能提高一个人对周围变化的觉察能力。

● 冥想能改变聚焦控制力。就是说，冥想练习能提高一个人持续关注某一个目标的能力。比如，一天之中专注于需要解决的问题的能力。

● 冥想能提高元意识。就是说，冥想能提高我们意识到自己正在做的事情的能力，知道自己正在做什么，能够觉察到自己走神和犯错[①]。

哪些冥想练习对专注力有帮助？戴维森提出正念冥想对大脑的专注力有帮助。正念冥想包括全身扫描、呼吸冥想、专注一物冥想练习、无所缘冥想练习等。读者可以参考本书第六章第一节提供的

---

① ［美］丹尼尔·戈尔曼、［美］理查德·戴维森著：《新情商》，史耕山、张尚莲译，中信出版集团2019年版。

冥想练习方法来锻炼大脑。

**有意义的体验**

这里说的有意义的体验，具体来说，可以是一个智力游戏，如数独；也可以是其他活动，如看书、下棋、上网等。有意义的体验，就是能让大脑进行思考的各种活动，而不是那些自动的、无意识的大脑活动。加州大学洛杉矶分校的加里·斯莫尔和他的同事们通过对执行上网搜索任务的人的大脑做核磁扫描发现，上网搜索活动激活了大脑中负责语言、阅读、记忆和视觉能力的区域。而且那些经常上网搜索的人，脑区的活动性远远大于新手相应脑区的活动性[①]。上网搜索就是一种主动的、有意识的大脑活动。

## 自我训练

请参照下面的表格，结合自己的实际情况，建立你的大脑锻炼计划，并加以实践。

① ［美］杰夫·布朗、［美］马克·芬斯克、［美］莉斯·内伯伦特著：《脑力升级手册》，黄珏苹译，浙江人民出版社2018年版。

| 大脑锻炼方法清单 | |
| --- | --- |
| 运动 | 乒乓球、慢跑、跳绳以及其他中等强度的运动 |
| 冥想 | 呼吸冥想、专注一物冥想练习、无所缘冥想练习 |
| 有意义的体验 | 下棋、数独、织毛衣、插花、绘画以及其他各种业余爱好 |

| 大脑锻炼方法清单 | |
| --- | --- |
| 运动 | 运动计划 |
| | |
| | |
| | |
| | |
| | |
| 冥想 | 冥想训练 |
| | |
| | |
| | |
| | |
| | |
| 有意义的体验 | 活动计划 |
| | |
| | |
| | |
| | |
| | |

# 第七节 建立大脑使用的仪式

保持不疲倦的大脑的秘密之一，就是培养大脑使用的仪式，也就是培养一些使用大脑的习惯。这些习惯能够让大脑得到更好的休息和恢复，能够更多地节省大脑使用时的能量消耗。

## 早晨使用大脑的仪式

我们可以采用哈尔·埃尔罗德的“SAVERS”[①]仪式。这个仪式需要30—60分钟的时间，可以根据你的情况来进行。我们在这里推荐一个30分钟的简短版。

S（silence）：静心（5分钟）。

A（affirmation）：肯定（3—5分钟）。

V（visualization）：预演（5分钟）。

① ［美］哈尔·埃尔罗德著：《早起的奇迹》，易伊译，广东人民出版社2018年版。

E（exercise）：锻炼（5—10分钟）。

R（reading）：阅读（5分钟）。

S（scribing）：书写（5—10分钟）。

具体说明如下：

**静心**

这个步骤就是为了让自己的内心沉静下来。这样做的好处是提高我们大脑的效率。具体可以采用冥想、祈祷、深呼吸等方式。

**肯定**

这个步骤的价值是让我们改变或者调整自己的思维。很多时候，我们会对自己缺乏信心，这时就需要通过自我肯定来改变我们对自己的不认可，让我们满怀自信地开始一天的生活和工作。自我肯定的话语很多。比如，今天我要努力加油，今天肯定比昨天更好……

**预演**

预演就是对今天要做的事情在大脑中预先进行演练。在这个过程中，你能够发现可能遇到的问题，让你对要做的事情更有掌控感。通过预演还可以提高对目标的专注度。

**锻炼**

早晨起来可以做一些简单的锻炼，如拉伸、瑜伽，也可以随着音乐运动。这样可以尽快地激活大脑，让大脑兴奋起来，进入状态，开启一天的工作和生活。锻炼就像出发前先将汽车预热一样。

**阅读**

通过几分钟的阅读，给自己充电，最好准备一本励志的书，让自己从早晨开始就信心满满。

**书写**

早晨可以写下你今天要做的几件事，或者今天的计划。如果时间充裕，也可以写晨间日记。书写的过程也是让自己的头脑更清晰的过程，能让自己更加专注于今天的目标和任务。

## 自我训练

你可以用下面的表格跟踪自己的SAVERS仪式完成情况。

| 月度SAVERS晨间仪式自检表 | | | | | | |
|---|---|---|---|---|---|---|
| 日期 | 静心 | 肯定 | 预演 | 锻炼 | 阅读 | 书写 |
| 1 | | | | | | |
| 2 | | | | | | |
| 3 | | | | | | |
| 4 | | | | | | |
| 5 | | | | | | |
| 6 | | | | | | |
| 7 | | | | | | |
| 8 | | | | | | |
| 9 | | | | | | |

续表

| 月度SAVERS晨间仪式自检表 | | | | | | |
|---|---|---|---|---|---|---|
| 日期 | 静心 | 肯定 | 预演 | 锻炼 | 阅读 | 书写 |
| 10 | | | | | | |
| 11 | | | | | | |
| 12 | | | | | | |
| 13 | | | | | | |
| 14 | | | | | | |
| 15 | | | | | | |
| 16 | | | | | | |
| 17 | | | | | | |
| 18 | | | | | | |
| 19 | | | | | | |
| 20 | | | | | | |
| 21 | | | | | | |
| 22 | | | | | | |
| 23 | | | | | | |
| 24 | | | | | | |
| 25 | | | | | | |
| 26 | | | | | | |
| 27 | | | | | | |
| 28 | | | | | | |
| 29 | | | | | | |
| 30 | | | | | | |
| 31 | | | | | | |

### 工作间隙使用大脑的仪式

工作间隙使用大脑的仪式很多，可以听音乐，也可以在开始一项工作之前先做两分钟深呼吸，还可以在每个工作间隙都喝一点水。工作间隙特别要警惕过长的休息，所以给自己设定一个提醒很重要。

### 午间的大脑使用仪式

午间可以去远一点的地方吃午饭，如距离工作地点10分钟的步行路程。这样就能养成走路的习惯。

吃饭的时候保持专注，不看手机，可以让大脑在吃饭的过程中获得更好的休息。午饭之后，可以喝一杯咖啡，然后小睡，补充大脑的精力，缓解一上午的工作给大脑带来的疲劳。所以，午间的仪式可以总结为：

- 散步。
- 专心吃饭。
- 一杯咖啡。
- 小睡。

### 晚间的大脑使用仪式

在这里推荐一些有利于睡眠的仪式，因为睡眠对第二天的工作至关重要。能否得到充分的睡眠，决定了第二天工作的效率。睡前

30分钟，放下一切电子产品，做5分钟的冥想练习，也可以看几页书，或者用本子写下你担心的所有事情，这样睡觉的时候大脑就会很放松，能获得深度睡眠。所以，晚间的仪式可以总结为：

- 5分钟冥想。
- 看几页书。
- 写下担心的所有事情。

## 自我训练

根据我们提供的仪式感案例，尝试建立自己在不同时段大脑使用的仪式。

## 本章小结

在本章中，我们讨论了如何让大脑保持思维精力。

大脑疲劳的原因是大脑的能量消耗很大。为了让大脑不疲劳，或者从疲劳状态及时恢复，我们提供了以下6个方法：

- 采用正确的休息方法。
- 为大脑提供优质的能量。
- 学习自动化的方法，节省大脑资源。
- 采用莫法特休息法，交替使用大脑。
- 通过锻炼，提高大脑的耐力。
- 建立大脑使用的仪式。

第九章

# 情绪管理——积极情绪 = 旺盛精力

情绪无时无刻不伴随着我们。恐惧、悲伤、快乐、愤怒、厌恶、惊讶、同情、尴尬、内疚、蔑视、嫉妒、羡慕、骄傲、崇拜、沮丧……在这众多的情绪中，有些情绪让我们感觉更好，这就是所谓的积极情绪；有些让我们感觉更差，这就是所谓的消极情绪。

积极情绪让我们有更多精力去完成学习和工作，而消极情绪则会吞噬我们大量的精力，让我们筋疲力尽，效率低下。情绪管理就是让我们保持更多的积极情绪，减少消极情绪。

# 第一节　情绪与精力的关系

情绪化会令人筋疲力竭，因为它需要精妙复杂的配合，还需要消耗大量能量。

——安东尼奥·达马西奥

消极情绪会消耗人的精力。

我们都有这样的体会：当我们情绪不好时，工作效率就会非常低，甚至有时候完全谈不上工作效率。比如，在家里与家人大吵一架后去上班，这一天都会昏昏沉沉的，总出错。因为我们的注意力不在工作上。威斯康星大学麦迪逊分校的神经科学家理查德·戴维森认为，人类多数行为都源于自身情绪对注意力的控制。[①]

消极情绪劫持了我们的注意力，导致精力资源的泄漏。所谓的

① ［美］丹尼尔·戈尔曼、［美］理查德·戴维森著：《新情商》，史耕山、张尚莲译，中信出版集团 2019 年版。

精力资源泄漏，就是精力被浪费到了其他地方，而不是用于我们希望使用的地方。

比如，与你有合作关系的同事与你发生了矛盾，这时你会觉得对方工作中的所有事情好像都是在针对你。你觉得对方在给你使绊子，暗中拆你的台，让你在老板面前难堪。这时候的你，注意力完全放到了如何应付对方给你出的难题上，或者是你以为对方给你出的难题上。你的精力全部耗费在了与工作无关的事情上，工作可能就会出现各种漏洞，这就仿佛应验了你对对方的猜测，即使事实并非如此。

美国盖洛普咨询公司通过调查发现，影响员工工作效率的关键因素是其与直属主管的关系。所以，与你的上级保持良好的关系是非常重要的，否则将会消耗你大量的精力。试想一下，如果你因为某事得罪了领导，导致其处处针对你，那么你每天上班时是什么心情？没有人能够带着强烈的负面情绪工作，这不仅会影响工作效率，还会导致一系列的心理健康问题。

所以，管理情绪就是管理精力。越是保持良好的情绪，我们就越有旺盛的精力，越能把精力用于有价值的地方。

要想管理我们的情绪，需要从以下两个方面着手：

- 排除各种干扰因素，保护积极情绪，不让消极情绪产生。
- 学习控制情绪的方法，包括事前控制以及事后的补救方法。

要想实现这两点，就要知道消极情绪是如何产生的。

为了更好地进行消极情绪管理，你需要制作一张消极情绪量表。

| 消极情绪量表 | | | |
|---|---|---|---|
| 情绪类型 | 起源 | 影响 | 改变计划 |
| 愤怒 | 与领导吵架 | 工作被排挤 | 控制脾气，学会更好地处理人际关系 |
| 内疚 | 做错事 | 没有心情工作 | 做事更仔细认真，少出错，同时学会如何化解内疚情绪 |
| 悲伤 | 失恋 | 无精打采 | 努力工作，走出悲伤 |

## 自我训练

根据自己的实际情况填写下表，找出消极情绪来自哪里，从而更好地控制情绪。

| 消极情绪量表 | | | |
|---|---|---|---|
| 情绪类型 | 起源 | 影响 | 改变计划 |
| | | | |
| | | | |
| | | | |
| | | | |
| | | | |
| | | | |
| | | | |
| | | | |
| | | | |

## 第二节　谁控制了情绪

一个员工被上司训斥，这个员工可能就会产生消极的情绪；

你在电影院看了一场悲伤的电影，可能会因此产生消极的情绪；

当你一个人静静地坐着时，有可能产生消极的情绪；

……

认知心理学家安东尼奥·达马西奥认为情绪来自两个方面：外部的刺激和想象。

外部的刺激如前面所说的上司的训斥，以及我们看到的画面、文字，听到的声音，这些都会让我们产生各种情绪。

外部刺激还包括社会生活中的影响，如人与人之间的攀比、社会流行的各种价值取向、对不平等关系的愤怒、仇富心理等。

此外，情绪还来自我们的想象。有时候我们会想象一个不存在的场景，并借此推演，导致情绪越来越坏。比如，想象自己被辞退了，然后就一直想象下去，想象自己没钱交房贷，没钱看病，最后流落街头。这一系列并没有发生的事情也会导致一个人产生消极的情绪甚至崩溃。

我们收到的信息是如何让我们产生情绪的呢？著名的心理学家、哈佛大学心理学博士、情商理论的提出者丹尼尔·戈尔曼与威斯康星大学麦迪逊分校的神经科学家理查德·戴维森研究发现，当人处于情绪之中，如愤怒、焦虑的情绪时，杏仁核会表现出异常的兴奋。戈尔曼提出了“杏仁核劫持”（amygdala hijack）的概念。当我们处于情绪之中时，大脑就会被杏仁核“劫持”。而当我们被杏仁核“劫持”时，我们的行为就会处于失控的自动反应状态，完全没有理性。这种自动反应往往会在事后让我们后悔。我们经常遇到的“路怒”就是“杏仁核劫持”现象。

所以，如果想要保持对情绪的控制，就要想办法避免杏仁核“劫持”我们的大脑。理查德·戴维森在他的实验室中对多位高僧进行了大脑的扫描测试，并得到了一个惊人的发现：他们具有“静止的杏仁核”[①]。也就是说，这些僧人的杏仁核很难被各种不良的信息刺激而产生应激反应。戴维森又对其他做过冥想练习的普通人进行了大脑扫描，也发现了同样的现象，只是程度不同。戴维森根据自己的发现创立了“情感神经科学”。

---

① ［美］丹尼尔·戈尔曼、［美］理查德·戴维森著：《新情商》，史耕山、张尚莲译，中信出版集团 2019 年版。

积极心理学之父马丁·塞利格曼认为，我们是否幸福快乐，取决于以下三个因素：

- 先天的基因。
- 生活条件。
- 我们自己选择的自发性活动。

先天基因是我们无法改变的因素。

生活条件由两个部分组成：一个是无法改变的部分，如性别、年龄、种族等；另一个是我们能够改变的部分，如财富、婚姻、居住地等。生活条件这个因素给我们带来的幸福感往往会随着时间的推移而越来越淡。比如，当你租房子住时，你会向往买一个房子，当你买到了房子以后，一开始可能会体会到有新房子的幸福感，但是过了一段时间，这种感觉就慢慢变淡。婚姻和财富也是如此。当我们适应了以后，这些生活条件给我们带来的积极情绪就会变得越来越少。

自发性活动来自个人的选择，如冥想、运动、学习新技能等。积极心理学家乔纳森·海特认为，自发性活动能给人带来更持久的幸福感。因为这些活动是出于个人的选择，而且需要投入相当的精力和努力。

戴维森的发现和海特的观点告诉了我们这样一个事实：真正能够让人有更多积极情绪的，是自发性的、个人选择的活动。两个人都提到了冥想。冥想练习能够让一个人的情绪更不容易失控，有更多的积极情绪。但是，冥想练习不是一日之功，需要长时间的坚持。要想控制我们的情绪，我们需要从多方面来进行努力。我们最先需要思考的就是如何保护我们的情绪不被负面的事情影响。

# 第三节 保护情绪

凡是能够调动情绪的东西，都会吸引人的注意力，不管这种东西是正面的还是负面的。所以在新闻报道中，那些骇人听闻的事件和明星的各种绯闻，都会吸引人的眼球。

大多数人普遍缺乏对负面信息的抵制能力。当我们打开手机时，各种对你有帮助的信息映入眼帘的同时，各种坏信息也会纷纷跳出来。所以，为了保护我们的情绪，防止精力的浪费，我们需要关闭坏信息进入大脑的渠道。最有欺骗性的就是那些同时混杂了有价值的信息和无价值的内容的软件。所以，管理情绪最重要的一环就是管理你的感官感觉到的东西。

这里列出保护情绪的三个原则。

第一，远离让你不愉快的东西。

远离让你不愉快的东西，包括各种负面信息、让你不愉快的人，以及那些让你不愉快的环境。

第二，设置提醒，如正念之铃，让你在产生负面情绪时意识到这一点并停下来。

第三，多接触那些让你产生积极情绪的东西，包括人、书籍和物品等。

当然，我们在生活中不可能彻底离开那些让我们产生负面情绪的东西，所以就需要采取一些方法，在事前控制负面情绪，以及在负面情绪出现之后，更快地恢复正常。

## 自我训练

练习1：发现引起负面情绪反应的因素，寻找应对策略。

| 情绪记录及对策表 | | | | |
|---|---|---|---|---|
| 日期： | | | | |
| 时间 | 产生情绪的事件 | 产生何种情绪 | 影响程度（10个级别） | 如何避免 |
| | | | | |
| | | | | |
| | | | | |
| | | | | |
| | | | | |
| | | | | |
| | | | | |
| | | | | |
| | | | | |

续表

| 情绪记录及对策表 | | | | |
|---|---|---|---|---|
| 日期： | | | | |
| 时间 | 产生情绪的事件 | 产生何种情绪 | 影响程度（10个级别） | 如何避免 |
| | | | | |
| | | | | |
| | | | | |

## 第四节　获得积极情绪：事前控制情绪

如果我们已经产生了不愉快的情绪，想要让自己从不愉快的情绪中脱离出来就会有一定的难度。当一个人深陷痛苦时很难自拔，所以要想更好地管理情绪，我们需要事先做好准备。我们要培养不让自己产生不愉快情绪的能力，以及即使产生了不愉快的情绪，也能够快速消除这种情绪的能力。怎样才能获得这样的能力呢？神经科学家理查德·戴维森告诉我们，冥想练习能够培养这样的能力。戴维森的团队在威斯康星大学麦迪逊分校有专门的心智研究实验室。戴维森创立了情感神经科学，并致力于研究冥想与人类大脑的关系。他发现了大脑神经的可塑性。也就是说，大脑跟我们的肌肉一样，通过锻炼可以加强，可以变化，甚至可以生长。戴维森提出，冥想能够从以下4个方面锻炼我们大脑的系统[1]：

---

① ［美］丹尼尔·戈尔曼、［美］理查德·戴维森著：《新情商》，史耕山、张尚莲译，中信出版集团2019年版。

- 调整压力。
- 自我觉察能力。
- 专注力。
- 同理心。

戴维森发现一般的刺激不容易让经常练习冥想的人产生压力，也就是说他们对压力的感知能力变弱了。即使产生了压力，他们也能够快速复原，回到正常的状态。这等于说，压力的恢复能力得到加强。这就解释了为什么冥想能够让我们的情绪保持稳定。

很多时候，我们之所以无法控制自己的情绪，是因为我们不知道自己正在情绪之中。我们缺乏对情绪的觉察能力。冥想恰恰能够提高我们的自我觉察能力。冥想练习提高了我们觉察自己情绪的能力。一旦我们觉察到情绪，我们就有了改善和调整情绪的机会。

冥想是需要长期练习的。如果想要管理情绪，就需要培养冥想的习惯。如果考虑到我们一生的幸福，把冥想培养成习惯是值得的。

我们在第五章第六节讲过了正念呼吸的冥想方法，可以从这个方法开始练习。

## 自我训练

请按照第五章第六节的方法，练习冥想。

按照第四章第五节的表格，记录练习情况，培养冥想习惯。

| 21天习惯养成记录表 | | | | |
|---|---|---|---|---|
| 习惯名称：每天冥想10分钟 | | | | |
| 时间 | 行动 | 是否完成 | 问题点 | 解决对策 |
| 第1天 | 冥想10分钟 | | | |
| 第2天 | 冥想10分钟 | | | |
| 第3天 | 冥想10分钟 | | | |
| 第4天 | 冥想10分钟 | | | |
| 第5天 | 冥想10分钟 | | | |
| 第6天 | 冥想10分钟 | | | |
| 第7天 | 冥想10分钟 | | | |
| 第8天 | 冥想10分钟 | | | |
| 第9天 | 冥想10分钟 | | | |
| 第10天 | 冥想10分钟 | | | |
| 第11天 | 冥想10分钟 | | | |
| 第12天 | 冥想10分钟 | | | |
| 第13天 | 冥想10分钟 | | | |
| 第14天 | 冥想10分钟 | | | |
| 第15天 | 冥想10分钟 | | | |
| 第16天 | 冥想10分钟 | | | |

续表

| 21天习惯养成记录表 | | | | |
| --- | --- | --- | --- | --- |
| 习惯名称：每天冥想10分钟 | | | | |
| 时间 | 行动 | 是否完成 | 问题点 | 解决对策 |
| 第17天 | 冥想10分钟 | | | |
| 第18天 | 冥想10分钟 | | | |
| 第19天 | 冥想10分钟 | | | |
| 第20天 | 冥想10分钟 | | | |
| 第21天 | 冥想10分钟 | | | |
| 总结 | 培养习惯遇到最大的问题是什么？ | | | |
| | 如何解决？ | | | |

## 第五节　获得积极情绪：事中控制情绪

如果能够事前管理和控制自己的情绪当然好，但是更多的情况是，已经产生了情绪该如何应对。这就需要学习一些能够在情绪产生以后补救的方法。

**正念之铃**

如果你去到一座古城旅行，有时候会听到悠远的钟声。这钟声通常来自当地的一座古刹。钟声是告诉我们现在到了需要做某件事情的固定的时间。

著名的越南僧人一行禅师提出了“正念之铃”的概念。正念之铃就是一个提醒，这个提醒可以是声音，也可以是物体的震动，或者闪烁的光影。提醒可以让我们意识到此刻自己正在做什么，让我们思考应该做什么。正念之铃可以是手机的提示音、电脑的提示音、上课的铃声，也可以是冥想的提示音，甚至可以是某种颜色。比如，到了路口，可以把红灯当成正念之铃，提醒自己要把注意力放到开车上。

如果你有一个能报时的手表，你可以设置一个每小时一次的提醒。这个提醒会帮助你从走神状态中回到当下，回到此刻，回到你该做的事情上。如果此时你正在愤怒，你的情绪已失控，那这个正念之铃就是一个非常好的提醒，让你知道此时你正处于失控中。只有知道自己正处于失控中，才有调整的机会。

你也可以用手机为自己设置一个正念之铃，在每天的不同时间让这个铃声响起，提醒你注意自己当前的状态。如果你经常用到电脑，也可以在电脑上为自己设置一个正念之铃。定期提醒你回到当下，回到手头的事情上来。

正念之铃是一个让自己停下来的很好的工具，可以善加利用。一旦发现了我们当前的情绪状态，我们就可以采用这个方法来调整情绪。

## 自我训练

整点提醒自己觉察情绪状态，回到当下。

在手表或者手机上设置整点报时提醒，填写情绪记录，观察情绪变化，回到当前的状态。

| 整点正念之铃情绪觉察表 | | |
|---|---|---|
| 时间 | 情绪状态 | 备注 |
| 6:00 | | |
| 7:00 | | |
| 8:00 | | |
| 9:00 | | |
| 10:00 | | |
| 11:00 | | |
| 12:00 | | |
| 13:00 | | |
| 14:00 | | |
| 15:00 | | |
| 16:00 | | |
| 17:00 | | |
| 18:00 | | |
| 19:00 | | |
| 20:00 | | |
| 21:00 | | |
| 22:00 | | |
| 23:00 | | |

**深呼吸法**

当我们被情绪控制时，通常呼吸都不会很正常，往往是短促而高频的，这种呼吸会导致大脑供氧不足，思维不畅，无法正常工作。深呼吸可以快速给我们的大脑提供更多的氧气，同时让我们冷静下来。

深呼吸法很简单，只要把自己呼吸的速度放慢，把呼吸的深度变深就可以了。这样呼吸1—2分钟，对情绪会有快速调整效果。所以，每当我们情绪不佳时，如果能主动调整呼吸更好，如果不能，可以在听到自己设置的正念之铃提醒后开始调整呼吸。

### 3分钟呼吸空间冥想练习

马克·威廉姆斯创立了3分钟呼吸空间冥想方法。这种方法简单，可以在任何时候练习。这种练习对恢复情绪有很好的帮助。但是有一个问题，马克·威廉姆斯说：“3分钟呼吸空间冥想练习最大的挑战，就是在需要的时候练习。”①什么意思呢？就是说在需要练习时，你可能想不起来练习，或者说在你感到情绪有问题时，你想不起来用这种方法去缓解。我们在前面提供了解决这个问题的方法，那就是正念之铃，你可以用正念之铃提醒自己。

马克·威廉姆斯认为，3分钟呼吸空间冥想练习有两个重要作用：一个是在你还没有消极想法之前，就把消极想法化解于无形；

① ［美］马克·威廉姆斯、［美］丹尼·彭曼著：《正念禅修》，刘海青译，九州出版社2013年版。

另一个是当你有了消极想法，当你面对压力时，这种练习可以帮助你看清当前的形势，让你不会被情绪左右。

| 3分钟呼吸空间冥想练习 | | |
| --- | --- | --- |
| 步骤 | 内容 | 备注 |
| 步骤1：集中意念 | ●站立或者坐下，闭上眼睛或者睁开眼睛<br>●觉察你此时的想法、念头、情绪。不去干扰，只是感受<br>●觉察此时身体的感受，从头到脚。同样不去改变，只是感受 | 如果觉得闭上眼睛不舒服或者环境不允许，可以睁开眼睛。第一步就像沙漏的顶端 |
| 步骤2：聚焦于一点 | ●把注意力聚焦到腹部，体会腹部的感觉。吸气时体会腹部的膨胀，就像有波从腹部向全身扩散，体会扩散的感觉；呼气时体会腹部的回缩。呼气时注意点回到腹部<br>●如果发现走神，重新把注意力拉回到腹部 | 注意波的感觉。第二步就像沙漏中间最细的部位 |
| 步骤3：扩大注意范围 | ●在呼吸时把注意力从腹部扩展到全身，体会全身的感觉，就好像在用全身呼吸<br>●如果体会到身体有不适的部位，就把注意力放到这个部位继续呼吸，想象用你不舒服的部位呼吸<br>●如果身体没有什么不舒服的部位，那就把注意力放到全身，继续呼吸 | 第三步就像沙漏的底端，重新放开 |

## 自我训练

根据上面的方法练习3分钟呼吸空间冥想，随时解决压力问题。

使用第四章第五节的习惯养成记录表，培养随时练习3分钟呼吸空间冥想的习惯。

### 三步情绪放松法

苏珊·戴维是哈佛麦克莱恩教练研究所的创始人，被公认为世界先进的思想管理家之一。她提出了三步情绪放松法。

**步骤1：识别**

识别就是当你产生情绪时，用一个词或者一组词来详细描述你的情绪属于哪一种类型。当我们产生情绪时，我们往往可能并没有真正认识到这种情绪究竟是什么。我们以为是愤怒或者焦虑，实际上可能仅仅是紧张。戴维指出，如果错误地定位了我们的情绪，可能会导致错误的应对方式。所以，识别情绪非常重要。

**步骤2：定位**

定位就是确定情绪的强度。可以把情绪的强度定为10级，看看自己正处在哪一个级别。确定情绪强度也是为了准确识别情绪，让我们不至于过度反应。当情绪产生时，杏仁核会告诉我们要注意了，但是它不会告诉我们要注意的东西究竟有多危险，有多恐怖，影响有多大。杏仁核往往会夸大问题的严重性和紧迫性。所以，当我们给情绪定位时，我们就已经开始调动大脑的前额叶皮质去进行思考了。这时我们已经向理智迈出了一大步。

### 步骤3：书写

在这里，苏珊·戴维借用了詹姆斯·彭尼贝克的理论和方法。我们在第五章第八节介绍过彭尼贝克写作减压法，大家可以参考具体方法进行实践。

| 苏珊·戴维三步情绪放松法 | |
|---|---|
| **步骤** | **说明** |
| 识别 | 用一个词或者一组词描述你的情绪 |
| 定位 | 把情绪分为10个级别，确定自己的情绪级别 |
| 书写 | 用彭尼贝克写作减压法 |

**自我训练**

请根据上面的表格练习。

| 苏珊·戴维三步情绪放松法 | |
|---|---|
| **步骤** | **说明** |
| 识别 | |
| 定位 | |
| 书写 | |

**认知重评，重新构建对事物的看法**

认知重评法，就是重新构建我们对事物的看法。这对于我们认清自己的情绪非常重要。实际上，认知重评也可以看成我们从消极对待转变成积极对待。所有我们以为不好的东西，也有好的一面。认知重评，就是看到我们觉得不好的东西的好的一面。比如，下雨可能会造成洪水，但是雨水也是种植农作物必需的资源。

对于同一件事情，我们可以有不同的认知方式。比如，你可以说一个人很随和，也可以说他有同情心，或者可以说他逆来顺受。如果你认为自己逆来顺受，肯定不舒服，如果你认为自己有同情心，就舒服多了，这就是通过重新评价自己的性格来获得正面的感受。

认知重评的关键，是要我们退一步去看问题。把我们的“行为”和我们的“自我”分开。这样做的结果，就是让我们更少情绪化，不会因为做了某一件事情而对自己做出坏评。当我们遇到一件给我们带来负面情绪的事情时，换个角度思考一下，这件事情一定还有正面的意义。比如：

你丢了一份工作的同时得到了找到一份新的更好的工作的机会。

当你害怕失败时，其实你也是在渴望成功。

当你觉得浪费时间时，其实你是在希望自己能够更有智慧地使用时间。

认知重评需要我们退一步去思考问题，从更广阔的视角去看问题。

## 自我训练

举例说明：当你考试失败时，你会觉得自己是一个失败者，感受到负面情绪，这时可以运用认知重评法，从正面视角进行积极的自我评价，如相信自己努力学习就能通过考试，从而重拾信心。

针对个人情况填写认知重评练习表。

| 认知重评练习表 | | |
|---|---|---|
| 事项 | 负面感受 | 用正面视角重新评估 |
| 考试失败 | 我是一个失败者 | 努力学习就能通过考试 |
| | | |
| | | |
| | | |
| | | |
| | | |
| | | |
| | | |
| | | |

# 本章小结

本章我们讨论了情绪与精力的关系。

坏情绪会导致精力资源的浪费，导致精力的损失。

杏仁核“劫持”会让我们陷入负面情绪中，所以，控制情绪的关键就是不要被杏仁核“劫持”。

要保持积极情绪，首先要学会保护我们的情绪。保护情绪的简单方法，就是远离负面情绪。

通过冥想练习可以培养我们事前对情绪的掌控能力。

如果已经产生了负面情绪，我们就需要采取一些应急措施。例如：

- 使用正念之铃。
- 使用深呼吸法。
- 进行3分钟呼吸空间冥想练习。
- 采取三步情绪放松法。
- 运用认知重评法。

**图书在版编目 (CIP) 数据**

超级清单 . 精力管理实用技巧、表格与自我训练 / 张旭著 . —北京 : 中国法制出版社 , 2021.3

ISBN 978-7-5216-1585-2

Ⅰ . ①超…　Ⅱ . ①张…　Ⅲ . ①时间—管理—通俗读物 Ⅳ . ① C935-49

中国版本图书馆 CIP 数据核字（2021）第 018238 号

策划编辑：杨　智（yangzhibnulaw@126.com）

责任编辑：王　悦（wangyuefzs@163.com）　　封面设计：汪要军

---

**超级清单：精力管理实用技巧、表格与自我训练**

CHAOJI QINGDAN：JINGLI GUANLI SHIYONG JIQIAO、BIAOGE YU ZIWO XUNLIAN

著者 / 张旭

经销 / 新华书店

印刷 / 三河市国英印务有限公司

开本 / 880 毫米 ×1230 毫米　32 开　　印张 / 10.5　字数 / 204 千

版次 / 2021 年 3 月第 1 版　　2021 年 3 月第 1 次印刷

---

中国法制出版社出版

书号 ISBN 978-7-5216-1585-2　　定价：46.00 元

北京西单横二条 2 号　邮政编码 100031　　传真：010-66031119

**网址：http://www.zgfzs.com**　　**编辑部电话：010-66038703**

**市场营销部电话：010-66033393**　　**邮购部电话：010-66033288**

（如有印装质量问题，请与本社印务部联系调换。电话：010-66032926）